✳ ı ✳ ı ✳ ı ✳ ı ✳ ı ✳ ı ✳ ı ✳ ı ✳ ı ✳ ı ✳ ı ✳ ı ✳

PENSAMIENTO INTELIGENTE

Guía completa para principiantes para entender las teorías de la inteligencia, el pensamiento rápido, la toma de decisiones inteligentes a través del procesamiento rápido del pensamiento

✳ ı ✳ ı ✳ ı ✳ ı ✳ ı ✳ ı ✳ ı ✳ ı ✳ ı ✳ ı ✳ ı ✳

Cathrine Kowal

© Copyright 2021 - Todos los derechos reservados.

Ninguna parte de este libro puede ser reproducida mecánicamente, electrónicamente o por cualquier otro medio, incluyendo photocopying sin el permiso por escrito del autor o del editor.

Bajo ninguna circunstancia se tendrá ninguna culpa o responsabilidad legal contra el editor, o autor, por cualquier daño, reparación o pérdida monetaria debido a la información contenida en este libro. Ya sea directa o indirectamente.

Aviso legal:

Este libro está protegido por derechos de autor. Este libro es sólo para uso personal. No puede modificar, distribuir, vender, usar, citar o parafrasear ninguna parte, o el contenido de este libro, sin el consentimiento del autor o editor.

Aviso de exención de responsabilidad:

Tenga en cuenta que la información contenida en este documento es solo para fines educativos y de entretenimiento. Se ha ejecutado todo el esfuerzo para presentar información precisa, actualizada y confiable y completa. No se declaran ni implican garantías de ningún tipo. Los lectores reconocen que el autor no está participando en la prestación de asesoramiento legal, financiero, médico o profesional. El contenido de este libro se ha derivado de varias fuentes. Consulte a un profesional con licencia antes de intentar cualquier técnica descrita en este libro.

Al leer este documento, el lector acepta que bajo ninguna circunstancia el autor es responsable de las pérdidas, directas o indirectas, que se incurran como resultado del uso de la información contenida en este documento, incluyendo, pero no limitado a, — errores, oinmisiones o inexactitudes.

Tabla de Contenidos

Introducción

Comprender la inteligencia

❀ ❖ ❀ ❖ ❀ ❖ ❀ ❖ ❀ ❖ ❀ ❖ ❀ ❖ ❀ ❖ ❀ ❖ ❀ ❖ ❀

Por lo general, las personas equiparan a una persona inteligente como alguien que es académicamente excelente, o hasta cierto punto, es inteligente para los libros. Sobresalen en matemáticas, ciencia, lógica y razonamiento. Están llenos de conocimientos y habilidades científicas y pueden aplicarlas de muchas maneras. Sumise a decir, la gente cree que naturalmente puede lograr grandes cosas.

Mientras tanto, las personas que no exhiben las características antes mencionadas se etiquetan automáticamente como promedio. Por ejemplo, muchos no consideran a una persona que es competente en varios idiomas una persona inteligente, pero solo como alguien hábil, eso es todo. Esto ha demostrado ser una concepción equivocada.

La inteligencia ha sido uno de los temas más controvertidos durante muchos años y, sin embargo, hasta ahora, no existe una definición estándar de inteligencia verdaderamente constitutía. Pero, ¿qué es exactamente la inteligencia? Hay algunos investigadores que sugirieron que es una sola, capacidad general. Sin embargo, hay otros que se opusieron firmemente a creer que la inteligencia abarcaba una gama de habilidades, aptitudes y talentos. En el panorama psicológico actual, la inteligencia se define generalmente como la capacidad de aprender de las experiencias y adaptarse al entorno.

Cómo es definida la inteligencia por el psicólogo

A lo largo de varios puntos de la historia de la psicología, los investigadores proporcionan múltiples definicioness a la palabra, "inteligencia". Si bien estas definiciones varían según las teorías, el concepto actual de inteligencia implica el nivel de capacidad para hacer lo siguiente:

Aprender – la adquisición, el uso y la retención del conocimiento es un componente significativo de la inteligencia

Reconocer problemas – Durante la aplicación del conocimiento, las personas deben ser capaces de identificar posibles problemas que deben ser abordados.

Resolver problemas - Las personas necesitan aplicar lo que han aprendido para encontrar posibles soluciones a los problemas que habían reconocido.

La inteligencia implica el uso de diferentes habilidades mentales tales como:

- Lógica y razonamiento

- Solución de problemas

- Planificación

Aunque los investigadores y psicólogos tienen algunos desacuerdos a la hora de definir la inteligencia, la investigación sobre este tema juega un papel importante en muchas áreas de desarrollo. Estas áreas incluyen el uso de herramientas de prueba para evaluar a los solicitantes de empleo o el uso de pruebas para evaluar si un estudiante necesita ayuda adicional en el ámbito académico.

El desarrollo del concepto de inteligencia

El término "Cociente Inteligente" o IQ fue acuñado por primera vez por William Stern, un psicólogo alemán en el siglo XX, mientras que fue Alfred Binet, otro psicólogo que desarrolló las primeras pruebas inteligentes para ayudar al gobierno francés en la identificación de niños en la escuela que necesitaban asistencia académica adicional. El concepto de edad mental también fue introducido por primera vez por Binet. Este concepto es un conjunto de habilidades poseídas por niños de ciertas edades.

Fue en ese momento cuando las pruebas de inteligencia fueron ampliamente utilizadas como una herramienta que condujo al desarrollo de otras pruebas de habilidad y aptitud. Este desarrollo, sin embargo, no puso fin a las diferentes opiniones y formulaciones sobre el uso de tales pruebas, sesgos culturales, influencias en la inteligencia e incluso en la definición de la inteligencia.

Historia de la Inteligencia General

El primer hombre en proponer la teoría de la inteligencia fue Francis Galton, quien fue influenciado por Charles Darwin, que resultó ser su primo hermano. Según Galton, la inteligencia era una verdadera facultad con una base biológica que podía ser estudiada midiendo los tiempos de reacción a tareas cognitivas específicas. Galton se tomó el esfuerzo de medir el tamaño de la cabeza de algunos científicos británicos junto con un número de ciudadanos comunes y, sin embargo, no encontró correlación entre el tamaño de la cabeza y lo que definió como inteligencia.

Fue alrededor de 1900 cuando Alfred Binet comenzó a administrar pruebas de inteligencia a niños en edad escolar en Francia en una búsqueda más profunda de la comprensión de la inteligencia humana. Su objetivo era desarrollar una forma de medición que ayudara a establecer la diferencia entre los niños normales y los subnormales. Theodore Simon, que sirvió como su asistente, le ayudó a desarrollar la prueba de medición de inteligencia que más tarde se conoció como la Escala Binet-Simon, el predecesor de la prueba de coeficiente intelectual moderno.

En 1904 un artículo sobre "Inteligencia General" fue publicado por Charles Spearman en el American Journal of Psychology. En dicho artículo, Spearman llegó a la conclusión, después de estudiar los resultados de una serie de estudios recopilados en Inglaterra, de que había una función común en todas las actividades intelectuales a las que se refería como "g" o inteligencia general. Desde entonces, investigaciones adicionales que lo suceden encontraron que la "g" estaba relacionada con muchos resultados sociales y se consideró que era el único predictor del éxito del desempeño laboral. Actualmente, la Asociación Americana de Psicología define la inteligencia como la participación de una jerarquía de tres niveles de factores de inteligencia con "g" en su nivel más alto.

David Wechsler en 1942 se convirtió en un crítico importante de Binet - Escala Simon e inteligencia general. Wechsler fue una figura influyente que abogaba por el concepto de factores no intellectivos o aquellas variables que contribuyen a la puntuación general en inteligencia, pero no consisten en elementos relacionados con la inteligencia como el miedo al fracaso, la falta de confianza, actitudes, y muchos otros. Creía que estos elementos debían incorporarse a la inteligencia que la escala Binet-Simon no incluyó. Creía que estos elementos son necesarios para la predicción de la capacidad de una persona para el éxito en la vida. Wechsler definió la inteligencia como la capacidad de un individuo para actuar con un propósito, para pensar racionalmente y para lidiar eficazmente con su situación o entorno.

Teoría Temprana de la Inteligencia Múltiple

La teoría más antigua de la Inteligencia Múltiple fue sugerida en 1920 por Edward Thorndike, un psicólogo estadounidense. Se opuso firmemente a la teoría de la inteligencia general y creía que la inteligencia involucrada eran elementos mutuamente independientes.

> **Social –** esto se refiere a la capacidad de entender y manejar a las personas incluyendo la capacidad de comunicarse con los demás y actuar en las relaciones sociales.

Mecánico – esto se refiere a la capacidad de controlar su cuerpo físico y manipular objetos

Resumen – La capacidad de pensamientos verbales y simbólicos

El modelo de Thorndike surgió en un momento en que muchos creían que la inteligencia es un factor universal. Thorndike se centró en el comportamiento más que en la conciencia en su investigación y su teoría allanó un camino a otras investigaciones sucesivas relacionadas con la inteligencia social. En la gestión de recursos humanos, el modelo de Thorndike se utiliza en el análisis de empleo: creación de empleo y dotación de personal. Dado que estos tres componentes elementales son independientes, durante diferentes tareas y actividades, se aplican diferentes formas de inteligencia en diferentes grados.

A mediados del siglo XX, en lugar de la única inteligencia general, Raymond Bernard Cattell, un psicólogo británico-estadounidense propuso dos tipos de inteligencia. Primero es Fluid Intelligence (GF), que es la capacidad de pensar lógicamente y resolver problemas en situaciones únicas e inesperadas, independientemente del conocimiento adquirido. Segundo es Crystallized Intelligence (GC), que es la capacidad de utilizar habilidades y experiencia que no equivale a la memoria, pero se basa en el acceso a la información de la memoria a largo plazo.

Cattell creía que la Inteligencia Fluida aumentó hasta llegar a la etapa adolescente donde comienza a disminuir. Por el contrario,

Crystallized Intelligence aumentó gradualmente y se mantiene estable durante la mayor parte de la etapa de la edad adulta y disminuyendo sólo en la edad adulta tardía.

Howard Gardner en 1983 escribió un libro sobre Inteligencia Múltiple que divide la inteligencia en ocho divisiones: inteligencia musical, cinestésica, linguística, espacial, naturalista, lógica, interpersonal e intrapersonal. Unos años después de esto, Robert Sternberg sugirió la Teoría Triárquica de la Inteligencia que propone tres tipos fundamentales de capacidad cognitiva, a saber; Inteligencia Creativa, Inteligencia Práctica e Inteligencia Analítica.

Inteligencia Emocional (EQ)

Fue sólo en 1990 cuando Peter Salovey y John Mayer introdujeron el concepto de Inteligencia Emocional y lo definieron como la propia conciencia de las propias emociones y la de otras personas y lo utilizan para guiar el pensamiento y las acciones.

Hendrie Weisinger también trabajó con teorías de la Inteligencia Emocional, ya que enfatizaba la importancia de aprender y hacer que las emociones funcionaran para mejorar el yo y la relación con los demás. Tanto la inteligencia social como la inteligencia emocional se asociaron positivamente con buenas habilidades y habilidades de liderazgo, así como con buenas habilidades interpersonales que tienen resultados positivos en el lugar de trabajo y en situaciones de clase.

Capítulo 1

Diferentes Teorías
de la Inteligencia

❀｜❀｜❀｜❀｜❀｜❀｜❀｜❀｜❀｜❀｜❀｜❀｜❀

Ahora, la "Teoría del Tres Estratos" es considerada la teoría más aceptada de la Inteligencia reconociendo tres niveles diferentes de inteligencia que se rigen por el nivel superior "g" o el factor de inteligencia general. Sin embargo, también hay otras teorías de Inteligencia Múltiple que tienen sus propios usos en la delinear ciertos conjuntos de habilidades intelectuales que pueden variar. También hay un conjunto de personas como las que tienen Síndrome de Savant que no se ajustan a la definición estándar de inteligencia y a las que la Teoría de Inteligencia Múltiple puede ofrecer una forma útil de entender sus situaciones.

La inteligencia se define como la capacidad de adquirir y aplicar conocimientos y habilidades. Dicho esto, diferentes teorías de la inteligencia como la propuesta por Howard Gardner proporcionan una base sólida. Según él, las habilidades blandas como las habilidades intrapersonales o interpersonales son en realidad diferentes formas de inteligencia. Esto tiene sentido ya que ser un genio de las matemáticas no garantiza que uno conoce todos los aspectos de la vida simplemente conociendo las diversas ecuaciones matemáticas.

Los nueve tipos de inteligencia de Howard Gardner

Howard Gardner conceptualizó por primera vez la teoría en su libro de 1983, *Frames of Mind: The Theory of Multiple Intelligence*. Introdujo cómo la gente tiene varios tipos de inteligencia en ellos. Inicialmente, había ocho tipos, pero también sugirió que podría haber un noveno tipo y esto fue más tarde conocido como la inteligencia *existencialista*.

Según el psicólogo, un individuo puede ser fuerte en un área en particular, pero posiblemente puede poseer diferentes habilidades al mismo tiempo. Por ejemplo, pueden ser particularmente fuertes en el espacio visual y poseer habilidades en aspectos linguísticos e interpersonales, también.

Aquí está el desglose de los diferentes tipos de inteligencia definidos por Howard Gardner:

- **Inteligencia Lógico-Matemática** (razonamiento y número inteligente) – pensamiento lógico y habilidades numéricas

- **Linguística** (palabra inteligente) – habilidades de lenguaje y comunicación

- **Visual-Spatial** (imagen inteligente): capacidad en percepciones visuales y manipulaciones

- **Musical** (sonido inteligente): competencias relacionadas con el tono, el tono, el ritmo y otras áreas relacionadas con la composición musical, las obras musicales y la apreciación de la música.

- **Cuerpo-Kinestético** (cuerpo inteligente) – Capacidad para usar y controlar y el cuerpo físico, como en la danza, los deportes y los ejercicios físicos

- **Interpersonal** (personas inteligentes) – Capacidad para discernir emociones y motivar a los demás

- **Intrapersonal** (autointeligente) – autoconciencia, conciencia emocional

- **Naturalista** (naturaleza inteligente) – Capacidad para discernir el patrón en la naturaleza

- **Existencial** (vida o inteligencia cósmica) – conciencia y preocupación con el sentido último de ser

Inteligencia Lógica-Matemática

Uno de los medidores más aparentes utilizados para determinar si uno es inteligente o de otra manera es conocer su capacidad lógica y capacidad para resolver problemas matemáticos. Sin embargo, a diferencia de la noción común de que resume toda la inteligencia de un individuo, esta es sólo otra categoría.

La inteligencia lógico-matemática se caracteriza por una capacidad de cálculo excepcional y un razonamiento deductivo e inductivo, por lo que estos individuos pueden entender fácilmente conceptos e ideas abstractas. Además, pueden identificar patrones, códigos, relaciones y secuencias sin esfuerzo.

El estilo de aprendizaje para estas personas implica obtener un conocimiento abstracto de los conceptos antes de que puedan trabajar en los detalles.

Características

- Bueno en diferentes tareas que implican números y cuantificación de cosas (por ejemplo, problemas aritméticos y operaciones matemáticas)

- Disfruta de juegos que se centran en la lógica y la estrategia

- Disfruta resolviendo puzles y misterios

- Fond de llevar a cabo investigaciones y experimentos para probar hipótesis

Carrera potencial

- Matemático

- Científico

- Detective

- Periodistas de investigación

- Contador

- Ingeniero

- Programador

Inteligencia Linguística

La inteligencia linguística se refiere a la capacidad de utilizar las palabras de manera efectiva. Es una idea equivocada pensar que sólo las personas plurilinguales tienen este tipo de inteligencia. Uno también puede ser linguísticamente inteligente, incluso sólo conocen un idioma. Sólo tienen que demostrar que pueden usarlo de manera efectiva y excelente. En resumen, la inteligencia linguística se puede ver en la capacidad de uno para encontrar y utilizar las palabras correctas para expresarse y mover a otras personas en el proceso.

Características

- Bueno en recordar información escrita y hablada

- Conocer una amplia gama de palabras de vocabulario y sabe cómo y cuándo usarlas

- Disfruta leyendo y escribiendo

- Disfrutar de juegos de palabras como scrabble, crucigramas, y otros juegos similares

- Utilizar eficazmente las palabras para persuadir, inspirar y mover a las personas o lograr un objetivo

- Aprender fácilmente varios idiomas o dialectos, incluso no se requiere fluidez

- Usa con frecuencia el humor al contar historias

Carrera potencial

- Abogado

- Escritor o novelista

- Periodista

- Profesor

- Bibliotecario

- Curador

- Patólogo del habla

Inteligencia Visual-Espacial

Hay personas a las que les resulta difícil visualizar el mundo en tres dimensiones (3D). Ver el mundo en 3D implica las siguientes habilidades:

- **Imágenes mentales: la capacidad de**invocar mentalmente una imagen o una imagen como una representación del mundo físico. Podría ser un recuerdo del pasado lejano o experiencia anterior con un objeto. Podían verlos fácilmente en el ojo de su mente incluso en la ausencia física de esos objetos.

- **Manipulación visual : la capacidad de**imaginar mentalmente un objeto en su estado alterado. Por ejemplo, un individuo espacialmente inteligente puede imaginar fácilmente una zona abandonada junto al mar en una bulliciosa ciudad moderna.

- **Razonamiento Espacial : la capacidad de**pensar y percibir las cosas en 3D incluso sin tener información adecuada sobre ellas. También implica la capacidad de dibujar estimaciones visuales a pesar de tener datos limitados sobre un lugar, objeto o idea determinados. Cuéntale a una persona espacialmente inteligente sobre tu última aventura de senderismo y te imaginarían fácilmente las caminatas y los terrenos de acuerdo a tu historia.

- **Habilidades**artísticas: la capacidad y las habilidades para producir bellas artes como arte gráfico, pintura, escultura y dibujo. Básicamente, este tipo de inteligencia va de la mano con la creatividad.

Los individuos con alta inteligencia visual-espacial también tienen una imaginación vívida y activa. Por lo general, dibujan lo que imaginan para expresarse.

Características

- Habilidades de navegación sobresalientes

- Identificar patrones fácilmente

- Bueno para juzgar e interpretar gráficos, gráficos e imágenes

- Exprésase dibujando, esculpiendo, diseñando y/u otras formas de artes visuales

- Disfrutar de juegos como rompecabezas o cualquier cosa relacionada con mapas y laberintos

- Me encanta crear escenarios en su imaginación

- Tienden a soñar mucho

- Tener un alto conocimiento en ambientes o lugares circundantes

Carrera potencial

- Ingeniero

- Arquitecto

- Cineasta

- Artista (escultor, pintor, artista gráfico)

- Diseñador (interior, moda, joyería, etc.)

- Fotógrafo

- Publicidad (funciones creativas)

- Físico

- Astrónomos

Inteligencia Musical

La inteligencia musical es la capacidad de distinguir el tono, el tono, el timbre y el ritmo, haciendo que los individuos con esta capacidad sean sensibles a los sonidos. Pueden ser conscientes de los sonidos que otras personas podrían ni siquiera notar. Las personas que son musicalmente inteligentes también pueden identificar, entender, crear, reproducir y traducir música. Pueden conectar tanto las emociones como la música.

Características

- Discernir, identificar y categorizar sonidos fácilmente
- Extremadamente sensible a los sonidos y sus patrones
- Música de amor
- Puede crear, reflexionar y expresarse a través de la música
- Disfruta cantando y/o tocando instrumentos musicales
- Memorice fácilmente canciones y melodías

Carrera potencial

- Cantante
- Músico
- Compositor
- Conductor
- Afinador de piano
- Patólogo del habla
- Audiólogo
- Crítico musical
- Productor musical

Inteligencia corporal-kinestética

Una persona con alta inteligencia corporal-cinética tiene la capacidad de hacer varios control físico y habilidades. Exhiben un alto nivel de cuerpo-mente, así como coordinación mano-ojo. Esta capacidad se ve típicamente en los atletas, pero es raro escuchar cumplidos de que uno es "inteligente" por el único mérito de su atletismo.

Características

- Me encanta crear y producir cosas a mano

- Tener una fuerte conciencia corporal, comprensión de las propias capacidades físicas y límites

- Comunicarse bien de manera efectiva mediante gestos, acciones y lenguaje corporal

- Posee la capacidad de manejar herramientas y equipos con un alto nivel de destreza y precisión de los movimientos

- No tiene sin problemas con ser tocado por otras personas o tocarlas

- Gran sentido del tiempo al ejecutar actividades y deberes físicos

Carrera potencial

- Atleta
- Bailarín

- Instructor de educación física

- Actor

- Cirujano

- Joyero

- Trabajador de fábrica

Inteligencia Interpersonal

La inteligencia interpersonal es la capacidad de entender a otras personas y saber interactuar con ellas basándose en esa comprensión de manera efectiva. Incluye la capacidad de identificar distinciones entre las personas, la sensibilidad a los temperamentos y estados de ánimo de otras personas, y realizar una comunicación verbal y no verbal efectiva.

Las personas que tienen un alto nivel de inteligencia interpersonal pueden medir las emociones, deseos, intenciones y motivaciones de quienes los rodean. Estas cualidades los convierten en buenos líderes potenciales o grandes líderes.

Características

- Vea y entienda situaciones, opiniones e ideas desde diversas perspectivas en lugar de simplemente apegarse a su propia línea de pensamiento

- Identifique fácilmente a una persona específica incluso entre la multitud

- Distinguir fácilmente las diferencias y distinciones entre las personas

- Buena habilidad para resolver conflictos y mantener la paz en grupos

- Tener un amplio círculo de conocidos y amigos

- Son extrovertidos; se sienten recargados siendo con la gente

Carrera potencial

- Político

- director

- Representante de ventas

- Diplomático

- Profesor

- Consejero

- Psicólogo

- Trabajador social

Inteligencia intrapersonal

Como sugiere Gardner, la autoconciencia es otro tipo de inteligencia. Conocer y entender bien tus propias emociones, las razones detrás de ellas y tus necesidades son indicadores sólidos de alta inteligencia intrapersonal. Sin embargo, esto no significa que esto haga que uno sea un narcisista ensimismado. Este tipo de inteligencia también implica poseer respeto y aprecio por otras condiciones humanas.

Características

- Son introvertidos; por lo general, prefieren estar solos para auto-reflexionar

- Pueden motivarse

- Le gusta leer, así como analizar teorías e ideas

- Independiente y de fuerte voluntad

- Tienden a ponerse en primer lugar a la hora de evaluar diferentes situaciones

- Tener un alto nivel de autoconciencia y entender claramente los fundamentos de sus propios sentimientos y motivación

- Puede planificar y ejecutar de forma independiente esos planes sin depender de las decisiones de otra persona

Carrera potencial

- Filósofo

- Consejero

- Psicólogo

- Escritor

- Planificador del programa

- Consultor

- Criminólogo

Inteligencia naturalista

Conocer y entender la naturaleza, según Gardner, es otro tipo de inteligencia. También incluye tener la sensibilidad a las características del mundo natural, vivir o de otra manera. Esta capacidad proporciona una gran contribución a la evolución del estilo de vida de los seres humanos. También se cree que esta inteligencia es utilizada por la sociedad de consumo con el objetivo de revolucionar nuestra forma de vida.

Características

- Amar la naturaleza misma y aprender cosas en relación con ella

- Me encanta nutrir el medio ambiente y descubrir nuevas especies

- Disfrute de pasar tiempo y explorar al aire libre (por ejemplo, senderismo, jardinería y camping)

- Puede establecer fácilmente una conexión con los animales

- Talento en la cría de animales y plantas

- Interesado en varias materias de ciencias naturales como botánica, zoología, meteorología y biología

- Puede encontrar fácilmente patrones y relaciones con la naturaleza

Carrera potencial

- Jardinero

- agricultor

- Biólogo

- Geólogo

- Veterinario

- Meteorólogo

- Conservacionista

Inteligencia Existencial

La palabra "existencial" puede sonar demasiado profunda o demasiado divina para los demás, ya que implica la sensibilidad y la capacidad de abordar preguntas profundas sobre la existencia humana (por ejemplo, el significado de la vida y la razón por la que las personas necesitan morir), junto con la pasión por buscar la respuesta a estas preguntas. Sin embargo, ahora se cree que esto es una aptitud viable que puede ser estudiada y cuantificada.

Características

- Exhiben un alto nivel de sensibilidad en asuntos relacionados con la existencia humana

- Tener una curiosidad genuina y no tienen miedo de hacer preguntas como: "¿Cuál es mi propósito de vivir?", "¿Hay vida después de la muerte?" o "¿Existe Dios realmente?"

Carrera potencial

- Teólogo

- Filósofo

- Pastor

- Instructor de yoga

- Psíquico

- Instructor de meditación

El desarrollo de la Teoría de la Inteligencia Múltiple y las Críticas que la rodean

Howard Gardner creía que el concepto convencional de inteligencia era demasiado restrictivo y limitado y que las medidas del coeficiente intelectual pasan por alto la otra "inteligencia" que un individuo podría tener. Cuestionó la creencia predominante de que uno sólo puede aprender a través de libros de texto o a través de una conferencia de clase y que la comprensión de uno sólo se puede medir a través de un cuestionario o preguntas de ensayo.

Según Gardner, tuvo la oportunidad de estudiar la naturaleza humana, particularmente sobre cómo piensan los seres humanos durante sus años en la Universidad de Harvard bajo la influencia de individuos como el psicólogo cognitivo Jerome Bruner, el psicoanalista Erik Erikson, y el sociólogo David Riesman. La teoría de las inteligencias múltiples fue concebida y desarrollada después de trabajar con dos grupos muy diferentes: uno es un grupo de niños normales y dotados y el otro es un grupo de adultos con daño cerebral.

En el curso de su observación e investigación, descubrió que las personas tienen varios métodos de aprendizaje y proceso de pensamiento. Por lo tanto, es de alguna manera restrictivo adoptar sólo la teoría tradicional de la inteligencia que se centra simplemente en una sola *inteligencia general*.

La teoría de Gardner abrió puertas para otros estudios de investigación, así como para el avance en el campo de la educación. Se ha vuelto tan popular que los educadores creen que valida su experiencia diaria con sus estudiantes. La teoría proporcionó a los educadores un marco conceptual para desarrollar el currículo escolar, las prácticas de enseñanza y la evaluación de los estudiantes. Los educadores han podido mejorar sus métodos de enseñanza para adaptarse mejor a una gama más amplia de necesidades de los estudiantes.

La teoría de Howard Gardner ha sido criticada tanto por educadores como por psicólogos. Afirman que la palabra "inteligencia" es demasiado extensa para ser definida por sólo ocho tipos (para el momento de su introducción inicial) tipos de "inteligencia". Creen que esta inteligencia declarada sólo representa rasgos de personalidad, talentos o habilidades. Además, la teoría de Gardner también carece de apoyo a la investigación empírica.

A pesar de las críticas, la teoría de Gardner gana popularidad entre otros educadores. Incluso los maestros comienzan a integrar la teoría en sus filosofías y prácticas de enseñanza. Como resultado, los alumnos comienzan a entender más sus fortalezas, capacidades y talentos.

Los dos tipos de inteligencia de Cattell-Horn

Según los psicólogos estadounidenses, John Horn y Raymond Cattell, hay dos tipos de inteligencia: inteligencia fluida e inteligencia cristalizada. La teoría presenta que la inteligencia general de una persona es un producto de las habilidades inherentes y las habilidades adquiridas.

Inteligencia fluida

Los psicólogos describieron la *inteligencia fluida* como la capacidad general de procesar ideas abstractas, resolver problemas, identificar patrones, discernir relaciones y proporcionar razones. Estos factores generalmente están influenciados por las habilidades inherentes y no se aprenden a través de la educación, la formación o la experiencia.

La inteligencia fluida se utiliza al responder acertijos, crear estrategias, solucionar problemas y resolver puzles o misterios. Se puede decir que un individuo identificado como alguien "inteligente en la calle" tiene alta inteligencia fluida. Otro ejemplo es una persona con altas habilidades de navegación.

Una forma de determinar este tipo de inteligencia es su adaptabilidad y flexibilidad, especialmente durante diversas situaciones o circunstancias en las que podría aplicarse. Sin embargo, la inteligencia fluida tiende a deteriorarse durante la edad adulta tardía ya que ciertas habilidades cognitivas relacionadas con la inteligencia fluida disminuyen a medida que las personas llegan a esta etapa.

Inteligencia cristalizada

Por otro lado, la *inteligencia cristalizada* es el opuesto polar de la inteligencia fluida. Este tipo de inteligencia se puede adquirir a través del aprendizaje, la experiencia y la educación.

Mientras que la inteligencia fluida permanece fundamentalmente a lo largo de la vida de un individuo, la inteligencia cristalizada puede progresar y desarrollarse más. Por ejemplo, el conocimiento del vocabulario de uno se puede aumentar aprendiendo más palabras y a través de la exposición a varias personas con las que pueden hablar. Otro ejemplo es la obtención de habilidades culinarias mediante el aprendizaje y la práctica constantes, así como la exposición a diversas culturas.

Interrelación y Distinción

Entre el fluido y la inteligencia cristalizada, ¿cuál es más importante? Ambos tipos son igualmente esenciales para que un individuo funcione en su vida diaria. Por ejemplo, al tomar un examen de matemáticas, uno necesita confiar tanto en su inteligencia fluida como en su inteligencia cristalizada, inteligencia fluida para llegar a una estrategia para resolver los problemas; e inteligencia cristalizada para emplear las fórmulas exactas necesarias.

Cattell creía que tanto la inteligencia fluida como la inteligencia cristalizada son facetas que forman la *inteligencia general.* Por lo tanto, ambos tipos de inteligencia están interrelacionados y distintos al mismo tiempo. La inteligencia cristalizada se establece a través de la inversión de inteligencia fluida cuando un individuo pasa por un proceso de aprendizaje. Usando inteligencia fluida, la información adquirida se transfiere a la memoria a largo plazo y, en última instancia, se convierte en parte de la inteligencia cristalizada.

Dicho esto, la inteligencia cristalizada y la inteligencia fluida están estrechamente interrelacionadas. La inteligencia cristalizada se forma cuando se utiliza inteligencia fluida en el curso de la adquisición de información y el aprendizaje sobre ellos. Mediante el uso de inteligencia fluida para razonar y pensar en los problemas, la información puede ser transferida a la memoria a largo plazo para que pueda convertirse en parte de la inteligencia cristalizada.

Cambios en la Inteligencia Cristalizada y la Inteligencia Fluida

Tanto la inteligencia cristalizada como la inteligencia fluida pueden cambiar en el transcurso de la vida de una persona con algunas habilidades mentales madurando en varios puntos.

Muchos creen que la inteligencia fluida alcanza su pico muy temprano en la vida, pero estudios recientes sugieren que algunas características de la inteligencia fluida pueden madurar hasta los 40 años de edad. Por otro lado, la inteligencia cristalizada sólo puede alcanzar su ápice a los 60 a 70 años de edad.

Estos son algunos detalles que debe recordar acerca de la inteligencia cristalizada y fluida:

- Muchas características de la inteligencia fluida llegan a su ápice en la adolescencia y comienzan a deteriorarse alrededor de los 30 a 40 años.

- Tanto la inteligencia fluida como la inteligencia cristalizada progresan a lo largo de la infancia y la adolescencia.

- La inteligencia cristalizada continúa desarrollándose a lo largo de la edad adulta.

Desarrollo de inteligencia cristalizada e inteligencia fluida

Como la inteligencia cristalizada es aparentemente algo que se puede mejorar a través del aprendizaje y eso significa que cuanto más conocimiento acumulado tiene una persona, mayor será la inteligencia cristalizada que se obtendrá. Por lo tanto, para mejorar este tipo de inteligencia, uno debe continuar su educación, formalmente (por ejemplo, la continuación de los estudios universitarios) o informalmente (por ejemplo, leer mucho y adquirir diferentes experiencias).

Anteriormente se creía que la inteligencia fluida ya no era cambiante hasta hace poco. Los últimos estudios de investigación sugieren que el *entrenamiento cerebral* puede ayudar a aumentar ciertas características de la inteligencia fluida incluso en adultos mayores.

Estudios previos sobre inteligencia transmitieron que la gente no tenía mucho dominio sobre su inteligencia. Además, se determinó principalmente por la genética y que los programas de entrenamiento con el objetivo de ayudar a aumentar los niveles de coeficiente intelectual sólo logran un pequeño éxito. Sin embargo, un estudio reciente realizado por la Universidad de Columbia sugiere que la inteligencia fluida se puede mejorar utilizando el entrenamiento cerebral que se centra en la memoria de *trabajo,* una forma de memoria a corto plazo que se concentra en lo queun individuo está pensando actualmente.

La memoria de trabajo es esencial ya que implica la capacidad de manipular mentalmente la información almacenada durante un período limitado de tiempo. Por ejemplo, una persona entrenada en una tarea de memoria de trabajo específica podría tener un mejor rendimiento en esa tarea en particular. Por otra parte, los investigadores también descubrieron que el entrenamiento también aumentó las habilidades cognitivas no relacionadas, como la capacidad de solucionar nuevos problemas que eran completamente independientes de los conocimientos obtenidos anteriormente y la capacidad de razonar. Básicamente, una persona puede mejorar su capacidad para emplear la abstracción de ideas tan fácilmente como emplear el razonamiento basado en el conocimiento.

Teoría Triárquica de la Inteligencia de Sternberg

Otro psicólogo que aboga por la inteligencia múltiple es Robert J. Sternberg, quien formuló la Teoría Triárquica de la Inteligencia. Propuso que hay tres tipos de Inteligencia: práctico, analítico y distinto. Esta teoría comprende tres subteorías que se relacionan con un tipo específico de inteligencia.

- **Contextual (Inteligencia Práctica)**–o la capacidad de un individuo para relacionarse con éxito con su entorno o llevarse bien en contextos variados.

- **Experiencial (Inteligencia Creativa)** – la capacidad del individuo para lidiar con situaciones o problemas novedosos o llegar a nuevas ideas.

- **Componential (Inteligencia Analítica)** – la capacidad del individuo para resolver problemas o la capacidad de analizar situaciones y proporcionar soluciones a través de la información y los recursos disponibles.

Fue sólo en 1985 cuando Sternberg propuso su teoría en contraposición a la idea de inteligencia general (g) que es la base común para medir la inteligencia. La inteligencia general es lo que los psicólogos denominan "Inteligencia Académica".

Sternberg presentó su argumento sobre la base de que la inteligencia práctica o la capacidad de la persona para reaccionar y adaptarse a su entorno, así como la creatividad es significativa en la medición del nivel general de inteligencia de un individuo.

Además, argumenta que la inteligencia no es algo que se fija, sino que se compone de muchas habilidades que se pueden desarrollar aún más. Sus argumentos llevaron a la creación de la Teoría Triárquico de la Inteligencia. Sternberg dividió aún más su teoría en tres subteorías.

Subteoría contextual

Bajo esta subteoría, se cree que la inteligencia está íntimamente interconectada con el entorno del individuo y, por lo tanto, se basa en la forma en que el individuo funciona en su vida cotidiana. Tal incluye su capacidad para adaptarse a su entorno, seleccionar la condición o entorno más adecuado, y dar forma a ese entorno para adaptarse a sus necesidades y deseos.

Subteoría experiencial

La subteoría contextual se basa en la creencia de que hay una serie de experiencias continuas desde la novela hasta la automatización a las que se puede aplicar su inteligencia.

Subteoría componente

La subteoría componente especifica el conjunto potencial de procesos mentales subyacentes que afecta el comportamiento y cómo se desarrolla el comportamiento.

Sternberg presentó esta teoría basada en su creencia de que las personas pueden mostrar más o menos tres tipos de inteligencia: Inteligencia analítica, Inteligencia creativa e Inteligencia Práctica. En su argumento, señaló que las pruebas de inteligencia tradicionales evalúan la inteligencia analítica o la capacidad de la persona para resolver problemas con una sola respuesta correcta, pero no incluyen una evaluación de su creatividad o la capacidad de crear nuevas ideas o adaptarse a nuevas ideas Situaciones. Otra área que estas pruebas de inteligencia no abordaron según Sternberg es la evaluación de la practicidad o capacidad de una persona para escribir buenos memorandos o delegar responsabilidades de manera efectiva).

Al igual que Sternberg ha formulado, la investigación encontró que la inteligencia analítica no ha estado vinculada a la creatividad (Furham & Bachtiar, 2008). Científicos creativos, ingenieros y matemáticos obtuvieron una puntuación baja en inteligencia en comparación con los pares menos creativos (Simonton, 2000). Además, las áreas cerebrales responsables del pensamiento dirigidas a encontrar la solución correcta a un problema específico (pensamiento convergente) de alguna manera no son similares a las asociadas con la capacidad de generar muchas ideas o soluciones diferentes a un solo problema o problema (pensamiento divergente) (Tarasova, Volf, & Razoumnikova, 2010). Por el contrario, la creatividad generalmente incluye algunas de las habilidades básicas medidas por "g" incluyendo la capacidad de aprender de la experiencia, la capacidad de recordar información y la capacidad de pensar abstractamente (Bink & Marsh, 2000).

Hay al menos cinco áreas componentes que son significativas para la creatividad según estudios sobre personas creativas.

- **Experiencia** – La creatividad es un producto del trabajo duro (Ericsson, 1998; Weisberg, 2006). Conociendo más sobre el tema en el que están trabajando a través de estudios cuidadosos, las personas creativas habían desarrollado experiencia

- **Tomar** riesgos– Las personas creativas siempre están ansiosas por tomar riesgos en sus enfoques de nuevas ideas.

- **Pensamiento imaginativo** – Las personas creativas ven las cosas visualmente, dándoles diferentes puntos de vista de diferentes ángulos de diferentes ideas.

- **Interés intrínseco** – A las personas creativas les encanta trabajar en proyectos independientemente de su compensación para dar paso a su pasión. Las investigaciones han demostrado que aquellos a quienes se les paga por su creatividad son a menudo menos creativos que los que no lo son (Hennessey & Amabile, 2010).

- **Trabajar en un entorno creativo – La mayoría de los** creativos fueron, i fact, ayudado, apoyado y desafiado por otras personas que trabajan en proyectos similares (Simonton, 1992).

La inteligencia práctica en la Teoría Triarquiaica se refiere principalmente a la inteligencia que no se puede aprender del aprendizaje formal u otras fuentes de referencia. La inteligencia práctica representa el sentido común con el que las inteligencias típicas de la calle están fuertemente dotadas y que fueron capaces de obtener de las experiencias de vida. Se formularon varias pruebas para medir la inteligencia práctica (Sternberg, Wagner y Okagaki, 1993; Wagner & Sterberg, 1985) sin embargo, no había evidencia de que la inteligencia práctica sea distinta de "g" o que pueda determinar o predecir el éxito de una persona en cualquier tarea en particular (Gottfredson, 2003).

La inteligencia práctica puede incluir ciertas habilidades que pueden no estar siempre estrechamente relacionadas con la inteligencia general (Sternberg, Wagner y Okagaki, 1993). Sin embargo, tales habilidades son bastante específicas de ocupaciones particulares y, por lo tanto, no representan la idea general de la inteligencia.

Medición de la inteligencia

La mayoría de las pruebas de inteligencia tienen como objetivo medir "g", que también se conoce como el factor de *inteligencia general.* Dado que la inteligencia es un aspecto crucial para la individualidad, los psicólogos y varios expertos han invertido una cantidad considerable de trabajo y esfuerzo en la creación y desarrollo de medidas de inteligencia que se conocen comúnmente como pruebas de coeficiente intelectual.

Las buenas pruebas de inteligencia están *bien fundamentadas, lo* que significa que son consistentes; y presentan validez de la construcción, lo que significa que en realidad miden la inteligencia de un individuo en lugar de otros factores no relacionados. De hecho, la capacidad de evaluar con precisión la inteligencia es una de las principales contribuciones de la psicología a nuestra vida diaria.

La inteligencia se altera con la edad. Por ejemplo, un niño de cuatro años que puede multiplicar con precisión 289 por 50 es seguramente inteligente, pero un adulto de veinte años que no puede hacerlo sería considerado estúpido o ignorante. Por lo tanto, entender la inteligencia exige que conozcamos las normas o normas en una determinada población de personas a una edad determinada. La *estandarización de una prueba* requiere dárselo a un gran número de personas de diversas edades y calcular la puntuación media en cada nivel de edad.

Es extremadamente crucial que las pruebas de inteligencia se estandaríen consistentemente simplemente porque el nivel general de inteligencia en una determinada población puede variar con el tiempo. El *efecto Flynn,* una observación del fenómeno en el que los resultados de las pruebas de coeficiente intelectual entodo el mundo han aumentado considerablemente en las últimas décadas, refuerza la necesidad de regular estas pruebas de inteligencia. A pesar de que el aumento varía de un país a otro, el aumento promedio es de 10 puntos por generación. Hay muchos factores que contribuyen al efecto Flynn. Estos incluyen:

- Mayor acceso a la información o mejor educación

- Mejora de la nutrición

- Mejor familiaridad con las pruebas de opción múltiple

Sin embargo, si la gente es realmente más inteligente sigue siendo discutible.

Cuando la estandarización se logra finalmente, ahora podemos evaluar las capacidades promedio de las personas a diversas edades y podemos calcular la *edad mental*de un individuo, que se identifica como la edad a la que una personaestá realizando intelectualmente, comparando la edad mental de la persona a su edad cronológica resulta a su *coeficiente intelectual,*una medida de inteligencia modificada para laedad. Para calcular el coeficiente intelectual, puede utilizar la fórmula: Edad mental , edad cronológica, 100 , **IQ.**

Por lo tanto, un niño de diez años que mentalmente se desempeña como un niño promedio de diez años tiene un coeficiente intelectual de 100 (es decir, 10 x 10 x 100 o coeficiente intelectual); y un niño de ocho años que mentalmente actúa como un niño de diez años tendría un coeficiente intelectual de 125 (es decir, 10 x 8 x 100). Muchas pruebas de inteligencia hoy en día se basan en la posición relativa de la puntuación de un individuo entre las personas del mismo grupo de edad en lugar de basarlas en esta fórmula. Sin embargo, el concepto de cociente de inteligencia (IQ) ofrece y una buena interpretación del resultado.

La mayoría de las escalas se basan en *el cociente* de inteligencia (IQ). La Escala de *Inteligencia para Adultos de Wechsler* (WAIS, por sus) es la prueba de inteligencia más popular para adultos. Su versión actual, el WAIS-IV, fue estandarizada en la que participaron más de 2.000 personas menores de 16 a 90 años. La prueba consta de quince tareas diferentes con cada una diseñada para evaluar los diferentes aspectos de la inteligencia, incluyendo el conocimiento general del mundo, la memoria de trabajo, la capacidad espacial y la capacidad aritmética.

El WAIS-IV proporciona puntuaciones en cuatro dominios: velocidad de procesamiento, memoria perceptiva, verbal y de trabajo. Su fiabilidad es alta (más de 0,95) y presenta una validez de construcción sustancial. El WAIS-IV está altamente asociado con otras pruebas de coeficiente intelectual como el Stanford-Binet. Además, también se correlaciona con las directrices de la vida y el éxito académico que comprenden los grados, el rendimiento laboral y el nivel ocupacional. Presenta correlaciones notables con medidas de rendimiento diario entre los retrasados mentales.

La escala WAIS también ha sido modificada para los niños en edad preescolar, reconocida como la *Escala de Inteligencia Primaria y Preescolar de Wechsler* (WPPSI-III). También tiene una versión para niños mayores y adolescentes en forma de la Escala de Inteligencia *Wechsler para Niños* (WISC-IV).

Capítulo 2

Biología de la Inteligencia

Hasta ahora, los procesos cerebrales de inteligencia subyacente no se entienden completamente debido a su complejidad. Actualmente, hay estudios que se centran en factores potenciales como el tamaño del cerebro, capacidad sensorial, así como la eficiencia y velocidad de la transmisión neuronal junto con la capacidad de memoria de trabajo.

Al menos, hay algo de verdad en la idea de que las personas más inteligentes tienen cerebros más grandes como estudios que han medido el volumen cerebral mediante la utilización de técnicas de neuroimagen encuentran que el tamaño del cerebro de hecho tiene algo que ver con la inteligencia (McDaniel, 2005). Además, también se descubrió que un número de neuronas en el cerebro y el grosor de la corteza está de alguna manera relacionado con la inteligencia (Haier, 2004; Shaw et al., 2006). Sin embargo, es importante tener en cuenta que estos enlaces no significan que tener más volumen cerebral hace que uno tenga mayor inteligencia. Podría ser que crecer en un ambiente estimulante que recompensa el aprendizaje y el pensamiento puede conducir a un mayor crecimiento cerebral (Garlick, 2003). Otra variable como una mejor nutrición podría haber causado tanto el volumen cerebral como la inteligencia.

También existe esta posibilidad de que los cerebros de las personas inteligentes trabajen más rápido y sea más eficiente en comparación con los cerebros de las personas que son menos inteligentes. En apoyo de esta idea, hay pruebas que muestran que las personas altamente inteligentes con frecuencia exhiben menos actividad cerebral en comparación con aquellos con menos inteligencia. Esto sugiere que están utilizando menos capacidad cuando trabajan en una tarea (Haier, Siegel, Tang y Abel, 1992).

Los cerebros de personas altamente inteligentes trabajan más rápido que los de los menos inteligentes. La investigación descubrió que la velocidad con la que una persona realiza una tarea simple es predictiva de la inteligencia (Deary, Der, & Ford, 2001). La inteligencia también se correlaciona con medidas de memoria funcional (Ackerman, Beier &Boyle, 2005). Muchas pruebas ahora utilizan la memoria de trabajo una medida de inteligencia.

Mientras que la inteligencia puede no estar específicamente ubicado en cualquier parte del cerebro, pero es más frecuente en algunas áreas. Se llevó a cabo un estudio de investigación que administró una variedad de tareas de inteligencia (Duncan et al, 2000) para determinar en qué lugares de la inteligencia de la corteza estaba más activo. El resultado del estudio mostró que estas áreas estaban principalmente en la parte externa de la corteza. Estas son áreas en el cerebro responsables de la planificación, ejecución, control, y la memoria a corto plazo.

Impactos genéticos y ambientales en la inteligencia

La inteligencia humana está formada tanto por factores genéticos internos como por circunstancias ambientales externas.

Naturaleza vs. Nurture

Desde el momento en que el ser humano fue concebido en el útero, el maquillaje general natural de su cuerpo comienza a interactuar con el medio ambiente. La genética y el medio ambiente trabajan estrechamente juntos para producir inteligencia individual, aunque la condición genética o ambiental extrema puede anular el comportamiento en algunos casos raros. Hay algunos investigadores debatiendo sobre el tema sobre cuál de estos dos factores tiene una gran influencia en la inteligencia general cuando tanto la genética como el medio ambiente están científicamente probados para tener un impacto significativo en la inteligencia. Este problema se complicó aún más cuando los descubrimientos recientes habían demostrado que la relación entre la predisposición interna (naturaleza) y las situaciones externas (nurture) no sólo cambia entre las poblaciones, sino que también cambia con el tiempo.

Genética

Un gen se refiere a la unidad de herencia por la cual un rasgo biológico de un individuo se transmite de una generación a otra. La heribilidad indica qué porcentaje de la variación del rasgo de la población es causada por diferencias genéticas en esa población en comparación con los elementos ambientales. Algunos rasgos como el color de los ojos son más propensos a ser heredados y fácilmente rastreados. Sin embargo, también hay rasgos altamente heribles que están influenciados por el medio ambiente durante la etapa de desarrollo. Debido a que la inteligencia es poligénica, generalmente se cree que es difícil de rastrear a una fuente y puede ser influenciada por muchos otros genes que interactúan.

Los estudios sobre gemelos han descubierto que la heredabilidad del coeficiente intelectual está entre 0,7 y 0,08. Esto significa que la varianza en la inteligencia entre la población es de 70 -80 por ciento debido a la genética. Los estudios convencionales sobre gemelos reforzaron este patrón. Los gemelos idénticos, incluso cuando se crían por separado, son más similares en coeficiente intelectual en comparación con los gemelos fraternos que se criaron juntos, y mucho más que hermanos adoptivos.

Genética y Discapacidades Intelectuales

Múltiples genes están involucrados en condiciones normales. Sin embargo, cierto trastorno genético de un solo gen puede dañar gravemente la inteligencia. La causa genética de muchas discapacidades del aprendizaje, incluida la dislexia junto con trastornos neuronales como el autismo, el síndrome de Down y las enfermedades del Alzheimer, han sido investigadas por el campo de la genómica cognitiva o ese estudio específico de los genes en relación con los Cognitivo.

Tomemos por ejemplo el síndrome de Down. Es un síndrome genético marcado por la discapacidad intelectual y tuvo implicaciones en cómo los niños con síndrome de Down son capaces de aprender. Mientras que los científicos creían que la causa genética de este trastorno genético es la falta de genes en los cromosomas XXI, sin embargo, el gen o genes responsables de los síntomas cognitivos necesitan ser identificados. La aparición de un trastorno neuroconductual está influenciada por factores genéticos y no genéticos. Los genes que están directamente asociados con estos trastornos a menudo no están identificados.

Ambiente

Los psicólogos cognitivos están interesados en conocer el impacto del medio ambiente en la inteligencia humana. El entorno es uno de los factores más importantes para entender las diferencias en los resultados de las pruebas de coeficiente intelectual y otras medidas de capacidad cognitiva entre los grupos.

La evidencia sugiere que el ambiente de la familia puede afectar el coeficiente intelectual de un niño de hasta el 25% de la varianza. Sin embargo, a medida que el niño se convirtió en la adolescencia tardía, esta correlación se debilita. En algunos estudios sobre la adopción, se revela que en la edad adulta, los hermanos adoptados no son más similares en el coeficiente intelectual que los extraños. Por otro lado, los gemelos y los hermanos genéticos todavía mantienen esa correlación en inteligencia. Si bien está claro que tener más acceso a los recursos de aprendizaje y un hogar propicio para el aprendizaje tiene sus efectos en las puntuaciones de inteligencia de los niños, es, sin embargo, difícil separar los posibles factores genéticos del comportamiento de los padres, como el uso de Lengua.

Así que en el contexto de la naturaleza frente a la crianza, parece que la influencia de la "naturaleza" parece ser más que la de la "crianza" al explicar la varianza del coeficiente intelectual en la población general. También hay algunas pruebas sugerentes de que la inteligencia está influenciada por opciones de estilo de vida como largas horas de trabajo durante la Edad Media.

En la suposición de "nutrición", JR Harris sugirió que es probable que los pares de un individuo influyan en su inteligencia a lo largo del tiempo y que las diferentes características generales de cada grupo de pares puedan ser responsables de la brecha aparente mente amplia. Hay varios otros estudios longitudinales que apoyan la idea de que los grupos de pares pueden afectar significativamente el logro escolástico. Sin embargo, hay relativamente pocos estudios que habían examinado el efecto en la prueba de la capacidad cognitiva.

La relación educativa con la inteligencia no es tan simple como a menudo suponemos que lo es. Aquellos que tienen puntuaciones de inteligencia más altas durante la infancia son menos propensos a abandonar la escuela y completar más años de educación, lo que hace que la inteligencia sea un factor predictivo de lo bien que alguien puede desempeñarse en la escuela. La cantidad de aprendizaje formal de la persona ha demostrado mejorar su rendimiento en la prueba de inteligencia, incluso mientras todavía está en su etapa muy temprana. Por lo tanto, podemos suponer que un coeficiente intelectual más alto puede impulsar una prueba de mayor rendimiento y viceversa.

Influencias biológicas

Las influencias biológicas tienen su parte que desempeñar en la configuración de la inteligencia de un niño desde las etapas prenatales en adelante. Estos pueden incluir casi todo, desde diversas formas de estrés hasta nutrición e incluso estilo de vida. A lo largo de la vida de un individuo, se dice que la nutrición tiene su efecto en la inteligencia humana. La desnutrición, especialmente durante los años críticos de crecimiento, incluida la etapa prenatal y los primeros años de vida, puede dañar el desarrollo cognitivo. Una nutrición inadecuada puede alterar las vías neuronales y las conexiones, dejando a un individuo con mala salud mental y baja inteligencia.

El estrés también juega un papel importante en la inteligencia humana. Cuando la infancia de una persona está expuesta a la violencia, generalmente se asocia con grados escolares más bajos y un nivel más bajo de coeficiente intelectual, independientemente de las razas o nacionalidades. En un estudio, un grupo de estudiantes de primer grado urbanos, en gran parte africanos americanos, junto con sus cuidadores, fueron sometidos a un proceso de evaluación mediante entrevistas, autoinformes y pruebas estandarizadas que incluyen pruebas de coeficiente intelectual. El estudio reveló que la exposición a la violencia y la angustia relacionada con el trauma en niños pequeños resulta en una disminución sustancial del coeficiente intelectual y el logro de la lectura. También se demostró que otros factores prenatales, como la exposición a toxinas, tenían efectos en la inteligencia y, en algunos casos, en los retrasos del crecimiento del desarrollo.

Influencias socioculturales

La familia puede influir básicamente en el desarrollo del niño, pero es difícil determinar cuál tiene la mayor influencia: la genética o el medio ambiente? Para ilustrar, el número de materiales o referencias en el hogar de un niño impacta positivamente el nivel de inteligencia de un niño, pero también podría ser que el nivel de inteligencia del niño se deba al impacto ambiental de tener padres que ayudan a sus hijos a desarrollarse hábito de lectura, o es un indicador de coeficiente intelectual parental que podría ser un rasgo altamente herible?

También se encontró que la posición de un niño en el orden de nacimiento tenía una correlación con la inteligencia. Aquellos que son primogénitos se ha demostrado que tienen una puntuación de inteligencia más alta, aunque hay algunos que se oponen a esta teoría porque, en la realización del estudio, no había controles para la edad y el tamaño de la familia.

Al salir de la unidad familiar, la inteligencia individual es entonces influenciada por sus compañeros y se teorizó que el nivel de inteligencia de las personas que pertenecen a un grupo específico se definiría y moldearía de acuerdo con la generalización asignada a ese grupo independientemente de la aptitud del individuo. En pocas palabras, sus puntuaciones de coeficiente intelectual son más propensas a seguir la evaluación general del coeficiente intelectual del grupo al que pertenecen. Así que si pertenecen a un grupo donde la mayoría no son inteligentes, entonces es probable que los sigan.

Capítulo 3

Extremos de Inteligencia

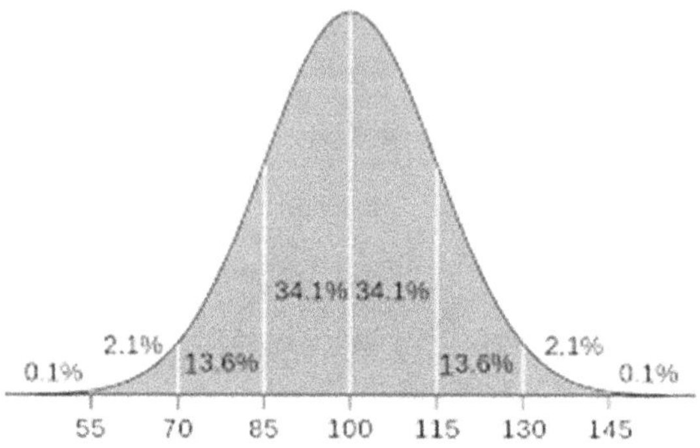

Distribución general de la población de las puntuaciones de coeficiente intelectual

La distribución normal de las puntuaciones de coeficiente intelectual en la población general indica que la mayoría de las personas caen dentro del umbral promedio y sólo unas pocas están en el umbral extremadamente bajo o extremadamente bajo de Inteligencia.

El resultado de estudios que tratan de medir la inteligencia demuestra que el Cociente de Inteligencia (IQ) se distribuye entre la población en forma de curva de campana. Este es el patrón habitual de puntuaciones comúnmente visto en una variable que agrupa alrededor de su promedio.

Una distribución normal puede mostrar la mayor parte de las puntuaciones que caen en el centro y sólo menos puntuaciones distribuidas en los extremos. En nuestra ilustración anterior, que es la distribución normal de la inteligencia, muestra que en las pruebas de coeficiente intelectual, así como en otras medidas se utiliza por lo general la mayoría de los que habían tomado estas pruebas agrupadas alrededor de la media que es 100 y sólo una porción más pequeña de la población es muy aburrida o muy inteligente. Debido a que la desviación de una prueba de coeficiente intelectual es 15, significa que alrededor del 2% de la población obtuvo una puntuación de coeficiente intelectual superior a I30. Esto se considera el umbral de "regalación" que tiene casi el mismo porcentaje que aquellos que obtuvieron una puntuación de coeficiente intelectual de 70 por debajo de la cual se considera el umbral para el "retraso mental".

Aunque la ilustración que usamos aquí presenta una sola distribución, la distribución real del coeficiente intelectual varía según el sexo.

Discapacidades intelectuales

Una discapacidad intelectual significa la limitación en el funcionamiento cognitivo de una persona y el comportamiento adaptativo diario. Estas discapacidades pueden manifestarse como deterioro del habla, lenguaje limitado y bajo rendimiento en los académicos. Durante mucho tiempo se había malinterpretado que los diagnósticos y el tratamiento eran insignificantes hasta la publicación del DSM-5, que es el recurso aceptado para el diagnóstico de enfermedades de salud mental. Hasta ahora, el término "retraso mental todavía se está utilizando en lugar de "discapacidad mental".

Signos de discapacidad intelectual en niños

Los signos de discapacidad intelectual pueden aparecer durante la etapa del embarazo o pueden permanecer imperceptibles hasta que el niño llegue al preescolar. Dependerá de la gravedad de la discapacidad, pero los signos habituales incluyen:

- Hablar hasta tarde y tener problemas para hablar

- Desarrollo de hitos de crecimiento tardío, como en la acumulación, el gateo, el

- Lento para dominar el entrenamiento para ir al baño, alimentarse y vestirse por sí mismos

- Dificultad para recordar cosas

- Incapacidad para conectar las acciones con las consecuencias

- Dificultad para resolver problemas o pensamiento lógico

- Problemas de comportamiento como berrinches explosivos

- Incapacidad para conectar acciones con consecuencias

Para los niños con discapacidad intelectual grave o profunda, hay una causa subyacente para ello que puede incluir convulsiones, discapacidad de las habilidades motoras, problemas de audición y visión, y trastornos del estado de ánimo como ansiedad y autismo entre otros.

Para evaluar el comportamiento adaptativo de los niños, un psicólogo observará sus habilidades y hará una comparación con otros niños de la misma edad. Otras cosas a observar en los niños son:

- Qué bien se visten y se alimentan

- Cómo interactúan y se comunican con otras personas, incluyendo amigos, familiares, compañeros de juegos y otros niños de su edad.

Se informa que la discapacidad intelectual afectó a alrededor del 1 por ciento de la población y a los afectados, alrededor del 25% se ven afectados por una discapacidad intelectual leve, lo que significa que son un poco más lentos que aquellos con inteligencia media en el aprendizaje de nuevas habilidades y información de comprensión. Sin embargo, con el apoyo adecuado, pueden vivir de forma independiente cuando crecen para ser adultos.

Las personas con discapacidad intelectual pueden aprender nuevas habilidades, pero las aprenden más lentamente y hay diferentes grados de discapacidad intelectual.

Una persona con discapacidad intelectual tiene limitaciones en las siguientes áreas:

Funcionamiento intelectual(IQ)

Se trata de la capacidad de una persona para razonar, aprender, tomar decisiones y proporcionar soluciones a los problemas encontrados.

Comportamiento adaptativo

Estos se refieren a habilidades que son necesarias para la vida cotidiana como la capacidad de comunicarse eficazmente, interactuar con otras personas y cuidar de las necesidades personales.

El coeficiente intelectual o cociente inteligente generalmente se mide a través de una prueba de coeficiente intelectual y el coeficiente intelectual promedio es de 100 con la mayoría de las personas puntuando entre 85-115.

Aquellos que obtuvieron una puntuación inferior a 70 en la prueba de coeficiente intelectual o medida de inteligencia relacionada son diagnosticados con una discapacidad intelectual. La puntuación media es 100. La desviación habitual en una prueba de coeficiente intelectual es de 15 puntos, de modo que cuando se tiene una puntuación de 70, es dos desviaciones estándar por debajo de la media de 100 o en la parte inferior 2.2 por ciento de la población. Para ser diagnosticado con una discapacidad mental, la persona debe presentar déficits en el funcionamiento adaptativo y tener impedimentos en al menos dos áreas funcionales, incluyendo habilidades sociales, autocuidado o habilidades de vida. También debe experimentar los síntomas antes de llegar a la edad de 18 años para ser diagnosticado como una discapacidad intelectual.

Tipos de Discapacidad Intelectual

Las discapacidades intelectuales se clasifican en función de su gravedad.

Suave

Alrededor del 85% de las personas con discapacidad intelectual pertenecen a esta categoría. Estas personas a menudo tienen habilidades académicas de sexto grado y, de la misma manera, desarrollan las habilidades necesarias para poder vivir por su cuenta y mantener un trabajo. Sin embargo, todavía necesitan ayuda cuando son sometidos a factores estresantes inusuales.

Moderado

Alrededor del 10% de las personas con discapacidad intelectual pertenecen a este grupo. Se beneficiaron de la formación profesional y también pudieron desarrollar habilidades sociales. Por lo general, pueden aprender a viajar de un lugar a otro, mantener un trabajo no calificado y vivir de forma independiente.

Severa

Las personas que pertenecen a esta categoría pueden ser capaces de realizar el trabajo bajo supervisión y generalmente pueden encajar para vivir en una comunidad e interactuar con otros. Alrededor del

3% - 4% de las personas con discapacidad intelectual están en esta categoría.

Profundo

Son el menor número de personas con discapacidad intelectual. Sólo el 1% pertenece a esta categoría. Las personas con una discapacidad intelectual profunda tienen un deterioro intelectual fundamental, por lo que necesitan una atención y supervisión óptimas que requieran un entorno estructurado. Necesitan un cuidador que los ayude en su vida diaria.

Causas de la discapacidad intelectual

Cuando algo interfiere con el desarrollo normal del cerebro, puede producirse una discapacidad intelectual. Sin embargo, sólo se identifica una porción mínima de lo que realmente causa. Las causas más comunes de discapacidad intelectual son:

Condiciones genéticas

Estos se heredan de los padres a los hijos y pueden incluir síndrome de Down y síndrome X frágil

Problemas durante el embarazo

Cosas como el consumo de alcohol o drogas, ciertas infecciones, desnutrición y preeclampsia pueden causar interferencia con el desarrollo cerebral fetal.

Problemas que surgen durante el parto

La discapacidad intelectual también puede surgir si el bebé es privado de oxígeno durante el parto o si nace extremadamente prematuro.

Enfermedad o lesión

Ciertas infecciones pueden conducir a una discapacidad intelectual como la meningitis, el sarampión o la tos ferina. La desnutrición extrema, el abandono o el abuso graves, la experiencia de ahogamiento, las lesiones graves en la cabeza, las infecciones en el cerebro y la exposición a sustancias tóxicas como el plomo causan discapacidad intelectual.

En aproximadamente dos tercios de todos los niños que tienen discapacidad intelectual, la causa es desconocida o no puede ser identificada.

Trastornos del espectro alcohólico fetal (TEAF)

Si una madre ingirió alcohol durante el embarazo, entonces su hijo es más propenso a desarrollar Trastornos Alcohólicos Fetales o TEAF - un grupo de condiciones que un niño puede desarrollar debido al alcohol. Los efectos de estos trastornos pueden incluir problemas de comportamiento y aprendizaje, así como las físicas y la mayoría de las veces, una persona con TEAF tiene una combinación de estas dificultades.

Causa y prevención

Debido al alcohol ingerido por la madre durante la etapa de embarazo que fue pasado al bebé en el útero a través del cordón umbilical, el bebé desarrolló el trastorno.

No se conoce una cantidad segura ni un tiempo seguro durante el embarazo. El alcohol siempre puede causar un problema al niño durante todo el embarazo, incluyendo el momento en que la mujer aún no es consciente del feto en desarrollo en el útero. Todos los tipos de alcohol son igualmente dañinos. Para evitar dañar al niño, la madre, por lo tanto, no debe intentar consumir alcohol durante el embarazo.

Signos y síntomas comunes de los TEAF

- Características faciales anormales

- Tamaño de cabeza pequeño

- Comportamiento hiperactivo

- Altura más corta que la media

- Discapacidad intelectual o bajo coeficiente intelectual

- Mala coordinación

- Bajo peso corporal

- Dificultad con la atención

- Retrasos en el habla y el lenguaje

- Dificultad en la escuela (especialmente con matemáticas)

- Mala memoria

- Aprendizaje

- Dormir y chupar problemas cuando era un bebé

- Problemas de visión o audición

- Malas habilidades de razonamiento y juicio

- Problemas con el corazón, los riñones o los huesos

Tipos de TEAF

Síndrome alcohólico fetal (FAS)

El síndrome alcohólico fetal está en el extremo extremo del espectro FASD. Esto puede conducir a la muerte fetal en casos extremos. Aquellos con FAS pueden ser fácilmente detectados debido a sus rasgos faciales anormales, problemas de crecimiento, y problemas de salud relacionados con el sistema nervioso central. También pueden tener dificultades con el aprendizaje, la capacidad de atención, la memoria, la visión, la audición y la comunicación. Algunos pueden tener una mezcla de estos que pueden tener dificultades para interactuar con otras personas.

Trastorno relacionado con el neurodesarrollo relacionado con el alcohol (ARND)

Aquellos que tienen Trastorno del Neurodesarrollo Relacionado con el Alcohol pueden tener discapacidades intelectuales y problemas de comportamiento que les dificultan desarrollar la capacidad normal para el aprendizaje. Por lo general encuentran dificultades para estudiar especialmente en el tema de las Matemáticas debido a la mala memoria, la falta de atención y el mal juicio. También tienen este pobre control de impulsos.

Defectos de nacimiento relacionados con el alcohol (ARB)

Las personas con defectos de ARB generalmente tienen problemas con los riñones, el corazón, los huesos o la audición. También pueden tener una combinación de cualquiera de estos problemas.

Trastorno neuroconductual asociado con la exposición al alcohol prenatal (ND-PAE)

Esta condición fue reconocida e incluida por primera vez en el Manual Diagnóstico y Estadístico 5 (DSM5) de la Asociación Americana de Psiquiatría (APA) en 2013. Por lo general, los niños o jóvenes que tienen ND-PAE tendrán problemas con:

- Pensamiento y memoria – problemas con la planificación y tiende a olvidar fácilmente aquellos que ya han aprendido

- Problemas conductuales – incluyen berrinches severos, problemas del estado de ánimo como irritabilidad, y dificultad para cambiar la atención

- Dificultades para afrontar la vida cotidiana: incluyen la socialización o la interacción con las personas. También pueden encontrar dificultades para hacer una rutina diaria simple como tomar un baño, vestirse y jugar.

La madre del niño afectado por este comportamiento debe haber consumido más que los niveles mínimos de alcohol mientras el niño está en su vientre. La Asociación Estadounidense de Psiquiatría define esto como más de 13 bebidas alcohólicas en cada mes de embarazo (esto podría ser cualquier período de embarazo de 30 días) o más de dos bebidas de alcohol en una sola sesión.

Síndrome de Savant

El Síndrome de Savant es un síndrome raro que es extraordinario en el sentido de que la persona con discapacidades mentales graves incluyendo el trastorno autista posee alguna "isla de genio" que en contraste con la discapacidad general.

Una de cada 10 personas con trastorno autista tiene habilidades notables en diferentes niveles, aunque el síndrome de savant ocurre en otro tipo de habilidades de desarrollo u otros tipos de enfermedad o lesión del sistema nervioso central. Cualquiera que sea la habilidad que tenga alguien con el síndrome sabio, siempre se asocia con una memoria masiva.

Kim Peek, la megasavant estadounidense

Las personas con Síndrome de Savant son consideradas intelectualmente deficientes pero son extremadamente talentosas y tienen habilidades bien desarrolladas en áreas específicas como Matemáticas, Música y Artes. Un ejemplo típico es Kim Peek, que nació con un daño cerebral considerable, incluyendo un cerebelo dañado, una cabeza que es más grande de lo normal, y un cuerpo calloso faltante o esas fibras que conectan los dos hemisferios del cerebro. Cuando se prueba, el nivel de inteligencia de Peek está por debajo de la media que presenta dificultad con las actividades motoras gruesas y finas. Sin embargo, Peek tiene esta increíble habilidad para acelerar la lectura y su memoria es extraordinaria. Puede memorizar materiales a velocidad extrema. Se informó que leía libros dos páginas a la vez, ya que es capaz de leer la página de la derecha usando su ojo derecho y la página de la izquierda usando su ojo izquierdo y puede memorizar lo que está leyendo.

Mientras que un individuo con el Síndrome de Savant parece ser intelectualmente deficiente utilizando la medición tradicional de la inteligencia, sin embargo, muestran habilidades excepcionales en algunas áreas específicas. Si la inteligencia de Peek se mide usando la Teoría de Inteligencia Múltiple de Gardner, sería considerado una persona altamente inteligente y considerado muy dotado en áreas como la linguística.

Aunque Peek era conocido como un megasavant estadounidense con habilidades excepcionales, había experimentado algunas dificultades relacionadas con el aspecto social de su vida que podrían haber sido causadas por una discapacidad del desarrollo en relación con sus defectos cerebrales congénitos.

La mayoría de las habilidades de savant surgen durante la infancia, desencadenadas por alguna discapacidad subyacente del desarrollo que es inherente, sin embargo, las habilidades de savant adquiridas también pueden aparecer, cuando no hubo exhibición previa de estas habilidades, en individuos neurotípicos después de una lesión o enfermedad cerebral más tarde en la infancia, la infancia o la vida adulta (Lythgoe et al 2005; Treffert 20061).

¿Están presentes estas habilidades especiales en los familiares de los sabios de primer grado?

Hay estudios de investigación que mostraron a parientes con habilidades especiales. Sin embargo, esto no representa todos los casos (Duckett 1976; Young, 1995). Otro estudio cuidadoso de un sabio involucró a sus 23 parientes y sólo un miembro se encuentra que tiene la misma habilidad de sabio (LaFontaine, 1974).

Síndrome de Down

El síndrome de Down (también conocido como síndrome de *Down* y *trisomía 21)*es un trastorno genético en el que un niño nace con una copia adicional de su cromosoma21. Esta afección causa discapacidades mentales y físicas del desarrollo. Es importante entender que el síndrome de Down no es una enfermedad o una enfermedad

Desafortunadamente, muchas de estas discapacidades afligen a la persona con síndrome de Down a lo largo de su vida y también pueden acortar su esperanza de vida. Sin embargo, las personas con síndrome de Down todavía pueden vivir vidas saludables y satisfactorias. La tecnología médica moderna, así como el apoyo organizativo y cultural para ellos y sus familias, brindan numerosas oportunidades para ayudar a estas personas a triunfar sobre los desafíos asociados con esta condición.

Según las estadísticas de la *Sociedad Nacional* de Síndrome de Down (NDSS, por sus aires), hay aproximadamente uno de cada setecientos bebés que nacen con síndrome de Down en los Estados Unidos, lo que lo convierte en uno de los trastornos genéticos más comunes en el país.

Causas del síndrome de Down

Los padres siempre transmiten sus genes a sus hijos, y estos genes tienen cromosomas. Una vez que las células del bebé se desarrollan, cada célula se supone que tiene 23 pares de cromosomas (46 cromosomas en total) —23 heredados del padre y los otros 23 de la madre.

Los niños con síndrome de Down tienen un problema con uno de sus cromosomas. Dicho cromosoma no se separa por completo. El niño termina teniendo tres copias (o una copia parcial extra) del cromosoma 21, en lugar de las dos normales. Este cromosoma adicional es la causa principal de los problemas a medida que se desarrollan las características físicas y el cerebro del niño.

Tipos de Síndrome de Down

Existen tres tipos conocidos de síndrome de Down: Trisomía 21, Mosaico y Translocación.

- **Trisomía 21**: Esta forma de síndrome de Down es la más común. Ocurre cuando hay una copia adicional del cromosoma 21 (hay tres cromosomas en lugar de los dos normales) en cada célula del cuerpo. En otras palabras, las personas con esta forma de síndrome de Down tienen 47 cromosomas en lugar de los 46 habituales. Es esta copia extra la que cambia el curso del desarrollo y es la razón de las características relacionadas con el síndrome. Hay alrededor del 95% de los casos son trisomía 21.

- **Mosaico**: Esta forma de síndrome de Down tiene lugar cuando el niño nace con un cromosoma extra en algunas, pero no en todas las células de su cuerpo. En pocas palabras, hay células que contienen 46 cromosomas, mientras que algunas tienen 47. Esta afección produce menos síntomas que aquellos que tienen trisomía 21. Hay alrededor del uno por ciento de casos de mosaico entre las personas con síndrome de Down.

- **Translocación : Hay alrededor del cuatro por ciento de casos de**translocación entre las personas con síndrome de Down. La translocación ocurre cuando una parte del cromosoma 21 se rompe durante la división celular y se une a otro cromosoma, comúnmente el cromosoma 14. Si bien todavía hay 46 cromosomas en una sola célula, la parte adicional causa las características del síndrome de Down.

Riesgos de tener un hijo con síndrome de Down

Hay padres que tienen una mayor probabilidad de dar a luz a un niño con síndrome de Down. En el informe de los Centros para la Enfermedad y la Prevención, las madres mayores de 35 años son más propensas a dar a luz a un bebé con síndrome de Down en comparación con las madres más jóvenes. Aparentemente, cuanto mayor sea la madre, más posible tendrá de tener un hijo con esta afección.

Si crees que la edad paterna no tiene ningún efecto, entonces estás equivocado. El estudio presbiteriano de Columbia de 2003 descubrió que los padres mayores de 40 años tienen el doble de probabilidad de tener un hijo con síndrome de Down.

Otros padres que tienen el riesgo de tener un hijo con síndrome de Down incluyen:

- Personas que portan el trastorno genético o tienen el síndrome de Down

- Personas con antecedentes familiares de síndrome de Down

Sin embargo, es importante que entiendas que ninguno de estos factores significa que seguramente tendrás un bebé con síndrome de Down; aunque estadísticamente hablando, sus posibilidades de tener uno son mayores.

Síntomas y características de una persona con síndrome de Down

Aunque la probabilidad de tener un bebé con síndrome de Down se puede determinar durante una prueba de detección neonatal, la madre no tendrá ninguna experiencia o síntomas anormales durante su período de embarazo.

Al nacer, los bebés con síndrome de Down tienen algunas características físicas distintivas que incluyen:

- Cabeza y orejas pequeñas

- Las orejas son comúnmente de forma atípica

- Características faciales planas, especialmente el puente nasal

- Cuello corto

- Estatura pequeña

- Manos y pies pequeños

- Boca con forma irregular

- Lengua saliente y macroglosia

- Inclación anormal de los ojos

- Disminución del tono muscular

- Pliegues profundos individuales a través del centro de ambas palmas

- Espacio excesivo o espacio entre los dedos grandes y segundos

- Sur de flexión única del quinto dedo

- Malformaciones gastrointestinales

Un niño con síndrome de Down puede tener un tamaño promedio, pero crecerá más lentamente que un niño sin una afección.

Además, los niños con síndrome de Down suelen alcanzar los hitos del desarrollo más tarde que otros niños normales. Por ejemplo, pueden ser más lentos al aprender a hablar. Necesitan terapia del habla para ayudarles a lograr un lenguaje expresivo. También hay un retraso en las habilidades motoras finas. Poco a poco pueden aprender a desarrollarse después de adquirir habilidades motoras gruesas.

Generalmente, los niños con la afección:

- Ser capaz de sentarse a los 11 meses

- Ser capaz de gatear a los 17 meses

- Ser capaz de caminar a los 26 meses

Las personas con síndrome de Down generalmente tienen alguna discapacidad del desarrollo, pero estas discapacidades suelen ser de leves a moderadas. Los retrasos en el desarrollo mental y social pueden significar que el niño puede mostrar:

Habilidades de juicio deficientes

Lapso de atención deficiente o corta

Comportamiento impulsivo

Capacidades de aprendizaje lento

Sin embargo, la mayoría de las personas con síndrome de Down pueden asistir a la escuela y convertirse en miembros activos y valiosos de la comunidad.

Además, las complicaciones médicas se asocian con frecuencia con el síndrome de Down. Estos pueden incluir:

- Deficiencia auditiva

- Visión o vista deficientes (generalmente debido a cataratas)

- Crecimiento tardío de los dientes que resulta en problemas de masticación

- Obesidad

- Problemas de cadera (por ejemplo, dislocaciones)

- Estreñimiento crónico

- Apnea del sueño o respiración interrumpida durante el sueño

- Hipotiroidismo o función tiroidea baja

- Defectos cardíacos congénitos

- Leucemia

- Epilepsia

- Demencia

- Enfermedad de Alzheimer más adelante en la vida

Además, las personas con síndrome de Down también son más propensas a las infecciones. Pueden tener problemas con:

- Infecciones cutáneas (p. ej. foliculitis, furunculosis o ebullición e impétigo)

- Infecciones respiratorias

- Infecciones del tracto urinario

¿Existe una cura para el síndrome de Down?

No hay tratamiento ni cura para el síndrome de Down. Pero como se mencionó, hay varios programas educativos y de apoyo disponibles para ayudar tanto a las personas con síndrome de Down como a sus familias. Si usted está viviendo en los Estados Unidos, la *Sociedad Nacional* de Síndrome de Down (NDSS, por sus sus días) sirve como un centro de servicio integral que puede ayudarlo a buscar programas en todo el país.

Los programas disponibles comienzan con la infancia de la persona. Bajo estos programas, especialistas, educadores y terapeutas ayudarán al niño a aprender:

- Habilidades de autoayuda

- Habilidades sensoriales

- Habilidades motoras

- Lenguaje y habilidades cognitivas

- Habilidades sociales

Independientemente de la capacidad intelectual del niño, la escolarización es un aspecto prioritario de la vida del niño. Tanto las escuelas privadas como las públicas están diseñadas para apoyar a las personas con síndrome de Down y sus familias con oportunidades de educación especial, así como aulas integradas. La educación permite una valiosa socialización que ayuda a los estudiantes con la condición de establecer habilidades importantes para la vida.

Desafíos causados por la discapacidad intelectual

Las personas con discapacidad intelectual se enfrentan a muchos desafíos en la vida, incluyendo cuestiones personales y otras cuestiones externas. A medida que la mente trabaja de la mano con el cuerpo físico, también lo es el niño con incapacidad intelectual puede retrasarse en la mejora de su desarrollo de crecimiento, ya que llegará tarde a aprender a sentarse, gatear o hablar en comparación con otros niños de su edad.

Las personas pueden tener dificultades para adquirir habilidades sociales y aprender reglas sociales y también pueden carecer de inhibidores sociales. Debido a que tienen memoria deficitaria, carecen de la capacidad de resolver problemas que incluso las rutinas diarias que son casi automáticas para los individuos normales pueden resultar ser desafiantes para ellos. Es debido a esta incapacidad que toman más esfuerzo y tiempo en hacer tareas que consideramos fácil y simple. La cantidad y complejidad de tales desafíos varían de un individuo a otro, pero generalmente implica la función mental y el funcionamiento diario.

Incluso nuestra propia sociedad puede resultar un desafío para las personas con discapacidad intelectual con mayor frecuencia que no, experimentaron discriminación y devaluaron por la comunidad a donde pertenecen. Aunque esto había mejorado bastante a lo largo de los años, todavía muchos están siendo estigmatizados en su vida cotidiana. La planificación individualizada busca abordar este problema centrándose en la persona con la incapacidad intelectual y tratándolo como alguien con capacidades y don. Hay abogacciones que tienen como objetivo promover el derecho de las personas intelectualmente incapaces de tomar sus propias decisiones con respecto a sus propias vidas.

Prevención de las discapacidades intelectuales

Se pueden prevenir algunas causas de discapacidad intelectual. El
más común de ellos es el *síndrome alcohólico fetal.* En pocas
palabras, las mujeres embarazadas deben evitar el consumo de
alcohol. Otras formas de reducir el riesgo de que su hijo tenga
discapacidades intelectuales incluyen:

- Tomar vitaminas prenatales

- Tener una atención prenatal adecuada

- Vacunarse contra enfermedades contagiosas

Si tu familia tiene antecedentes de trastornos genéticos, te
recomendamos que te hagas pruebas genéticas antes de la
concepción. *Las pruebas genéticas* son una forma de prueba
médica que identifica cambios en genes, proteínas o cromosomas.
Los resultados de esta prueba pueden confirmar o descartar una
sospecha de condición genética o determinar la posibilidad de que
una persona desarrolle o imparta un trastorno genético.

Existen varios métodos para las pruebas genéticas:

- *Las pruebas*genéticas, también conocidas como pruebas
  *genéticas moleculares,*son el análisis de genes únicos o
  longitudes cortas de ADN con el fin de reconocer
  mutaciones y variaciones que resultan en un trastorno
  genético.

- *Las pruebas genéticas bioquímicas* analizan la cantidad o el nivel de actividad de las proteínas. Si hay anomalías en ambos aspectos, significa que hay cambios en el ADN que pueden causar un trastorno genético.

- *Las pruebas genéticas cromosómicas* estudian cromosomas enteros o largos largos de ADN para ver si hay grandes modificaciones genéticas que darán lugar a una condición genética.

Algunas pruebas como la amniocentesis y el ultrasonido también se pueden hacer durante el embarazo para buscar problemas relacionados con la discapacidad intelectual. Aunque estas pruebas pueden determinar problemas antes del nacimiento, no pueden corregirlos ni curarlos.

Diagnóstico

La discapacidad intelectual puede tenerse en cuenta por varias razones. Si un bebé en particular tiene anomalías físicas que indican un trastorno metabólico o genético, se pueden realizar varias pruebas para confirmar el diagnóstico. Estas pruebas incluyen:

- Exámenes de sangre

- Exámenes de orina

- Electroencefalograma (EEG)

- Pruebas de diagnóstico por imágenes (para problemas estructurales en el cerebro)

Mientras tanto, los niños que experimentan retrasos en su desarrollo, el médico realizará pruebas para excluir otros problemas, incluyendo trastornos neurológicos y problemas auditivos. Si no se puede detectar ninguna otra causa por retrasos en el desarrollo, el niño será referido para pruebas formales adicionales.

Hay tres factores en el diagnóstico de discapacidad intelectual: la observación del niño, las entrevistas con los padres y las pruebas de comportamientos e inteligencia adaptativos. Un niño será considerado discapacitado intelectualmente si se encuentra que tiene deficiencias en los comportamientos adaptativos y el cociente de inteligencia (IQ). En el caso de que sólo uno esté presente, entonces el niño no es considerado como discapacitado intelectual.

Después del diagnóstico, un equipo de profesionales médicos evaluará las fortalezas y debilidades del niño. Esta evaluación les ayudará a determinar qué tipo y cuánto apoyo necesitará el niño para hacerlo bien en la escuela, en la comunidad y en casa.

Servicios disponibles para personas con discapacidad intelectual

Hay disponibles programas de intervención temprana para bebés y niños pequeños. Un equipo de expertos médicos puede trabajar con los padres para diseñar un Plan de *Servicio Familiar Individualizado* (IFSP, por sus) Este plan describe las necesidades específicas del niño y la serie que él o ella requiere para tener éxito en la vida. La intervención temprana puede incluir:

- Fisioterapia

- Terapia de lenguaje

- Servicios de nutrición

- Asesoramiento familiar

- Terapia ocupacional

- Entrenamiento con dispositivos de asistencia especiales

Los niños en edad preescolar y los niños en edad escolar con discapacidades intelectuales están calificados para la educación especial de forma gratuita a través del sistema escolar público. Esto es requerido por la Ley de Educación para *Individuos con Discapacidades (IDEA,* por sus siglas en día). Los padres, junto con los educadores, pueden trabajar mano a mano para elaborar un Programa de Educación *Individualizado* (IEP, por sus siglas en cual) que defina las necesidades y servicios del niño que recibirá en la escuela. La razón de esta educación especial es hacer ciertas adaptaciones, modificaciones y adaptaciones que permitan a un niño con una discapacidad intelectual prosperar en el ambiente escolar.

¿Cómo pueden los padres ayudar a su hijo con discapacidad intelectual?

A continuación se presentan varios consejos que ayudarán a su hijo a tener éxito a medida que crece:

- Adquiera conocimientos sobre discapacidades intelectuales para que pueda ser un mejor defensor de su hijo.

- Motive a su hijo a ser independiente. Deje que su hijo explore cosas nuevas y deje que haga esas cosas por sí mismo. Lo que necesita es supervisar y proporcionar la orientación que necesita. También puede dar comentarios positivos cuando su hijo tenga un desempeño bueno o domine algo.

- Anime a su hijo a participar en actividades que requieran trabajo en equipo. Llévelo en clase de arte, talleres, Scouts, etc. para ayudar a su hijo a desarrollar confianza y habilidades sociales.

- Siempre participe trabajando estrechamente (o manteniéndose en contacto) con los educadores y maestros de su hijo. Usted puede rastrear su progreso y reforzar lo que su hijo ha aprendido en la escuela practicando los que están en casa.

- Conocer a otros padres de niños discapacitados intelectuales. Puedecompartir sus conocimientos con ellos y aprender sabiduría de ellos. Además, pueden ser una gran fuente de apoyo emocional a medida que su relación se convierte en amistad.

Los dotados intelectuales

Definición de "Regalado"

Un niño con habilidades cognitivas que se consideran más avanzados en comparación con los de sus compañeros es intelectualmente dotado.

La definición anterior de dote se basaba sólo en la puntuación de coeficiente intelectual de un individuo. Esto resulta ser complejo y sin consenso. A continuación, se utilizan una variedad de criterios para redefinir la supercalidad que incluye medidas de inteligencia, logros y creatividad. Pero la mayoría de las veces, la identificación de niños superdotados se deja en la parte de los educadores.

> *Niños y jóvenes con un talento excepcional que realizan o muestran el potencial de actuar en niveles de logro notablemente altos en comparación con otros de su edad, experiencia o entorno".*
>
> *– Departamento de Educación de los Estados Unidos, 1993*

La definición de dote por el Departamento de Educación de los Estados Unidos en 1993 es la más amplia y de hecho la más completa. Fue adoptado por muchos distritos escolares.

La definición reconoce el talento que se incluye en todas las áreas contando en el ámbito académico, deportivo, artístico y social de la vida del niño. Aunque la mayoría de las escuelas confinan su definición y programas a los académicos, es vital considerar el desempeño y el logro también. El talento por sí solo no es suficiente. Esta definición reconoció el hecho de que hay algunos estudiantes talentosos que pueden tener el potencial de alcanzar a altos niveles, sin embargo, no han demostrado ese potencial para hacerlo. Estos talentosos chicos tal vez dos veces excepcionales, infra-cumplidores, o pertenecen a un grupo desatendido que no tiene oportunidad de sacar a relucir esos talentos. Podrían estar viviendo en un ambiente que no les brinde la oportunidad de nutrir el don. Tenga en cuenta que esta definición implica una comparación: son estos estudiantes lograr o tienen el potencial de lograr en niveles muy por encima de los de sus compañeros.

Reconocer a un niño dotado

Cada persona con el don es única y cuando un niño es regalado, puede seguir hasta su edad adulta. Cada niño es único, pero hay rasgos y comportamientos que los padres y maestros notarán cuando un niño es dotado:

La curiosidad es el rasgo principal

Los niños superdotados son demasiado curiosos para explorar el mundo que los rodea. Pueden descarrilarnos con preguntas para satisfacer su hambre de conocimiento. Su curiosidad va más allá del simple interés en un tema y lo que están aprendiendo en la escuela.

Crear enfoque propio

Cuando se trata de tareas o tareas, los niños superdotados a menudo tienen su propia manera de hacer las cosas, mientras que los estudiantes brillantes terminan fácilmente sus tareas o tareas para complacer a sus maestros y padres. Esto puede deberse al deseo de los niños dotados de centrarse en una cosa o perciben una falta de desafío en la asignación misma. Como por ejemplo en Matemáticas, pueden tomar otra ruta para la resolución de problemas que lo que se discutió en clase. En tal caso, el maestro debe ser tolerante y evitar reprender o desalentar al niño para no dañar su autoestima para no poner menos esfuerzo en futuras asignaciones. Además, observe que los niños superdotados prefieren trabajar solos y pueden perderse fácilmente en sus propios pensamientos.

Prefieren la conversación de adultos

Una cosa que es muy notable en los niños superdotados es su gran vocabulario. Su vocabulario y comprensión son mucho mayores que los de sus compañeros y estos incluso incluyen lenguaje abstracto y figurativo. Podría deberse a su amor por la lectura y la exposición a referencias de aprendizaje educativo más avanzadas.

Otra razón podría ser debido a su alta sensibilidad a la sintaxis y la capacidad de adivinar el significado de las nuevas palabras que encontraron mientras aprendían o leían dentro del contexto. A sus hijos también les resulta más fácil recordar las palabras, ya que no requieren más repeticiones para adquirir el lenguaje. Esto los hace más a gusto mientras se comunican con los adultos debido a su habilidad avanzada en el lenguaje. Sin embargo, todavía es importante alentar a un niño dotado a interactuar y comprometerse con sus compañeros para evitar aislarse y retirarse de la sociedad debido a las diferencias percibidas en la capacidad intelectual.

Crean ideas originales

Un niño dotado es un pensador original y puede acceder fácilmente a ideas abstractas y combinar ideas de otras áreas para crear una nueva. Su imaginación puede correr salvaje permitiéndoles desarrollar su propia forma de crear historias, obras de teatro o canciones. Pueden integrar un lenguaje complejo y mostrar una apreciación avanzada del humor a través de estos ejemplos.

Son altamente cognitivas y van después del autoaprendizaje

Los niños superdotados pueden enseñarse a sí mismos sus ABCs y números o leer y escribir incluso antes de comenzar el aprendizaje preescolar. Es porque a menudo tienen una buena memoria y habilidades avanzadas de razonamiento cognitivo.

Los estudios están sugiriendo que un estudiante promedio necesita escuchar 8-15 veces la repetición antes de que puedan absorberla completamente, pero para un niño superdotado, sólo necesita encontrarse con ellos una o dos veces.

Cuando están en su clase de Matemáticas, estos niños pueden intentar usar la lógica y el razonamiento antes de que se les introduzca el uso del concepto de destino. Pueden aprender rápidamente y no requieren mucha práctica para desarrollar el dominio o desarrollar una nueva habilidad. Cuando el sujeto se repite, esto puede llevara a ellos a sintonizar, ya que pueden aburrirse fácilmente con las repeticiones. La mayoría de las veces, los niños con un regalo a menudo pueden beneficiarse de un plan de estudios condensado que cubre más materiales en menos tiempo.

Son conscientes del medio ambiente

Cuando desde una edad muy temprana, un niño que tiene talento está muy alerta y en sintonía con su entorno. Algunos de ellos tienen concentraciones agudas mata que pueden enfocar profundamente en una tarea cuando quieren. Es a través del compromiso con algo que los estimula que son capaces de activar su capacidad cognitiva. Es por eso que es vital que los niños dotados reciban estimulación adecuada, especialmente en la escuela donde hay mucho espacio para avanzar.

Vivir una vida satisfactoria con síndrome de Down

A lo largo de las décadas, la vida útil de las personas con síndrome de Down ha mejorado significativamente. Un estudio de 1960 descubrió que un bebé nacido con síndrome de Down a menudo no llegaa a vivir más allá de los 10 años. Hoy, sin embargo, la esperanza de vida de estas personas ha alcanzado un promedio de 50 a 60 años.

Si eres padre de un niño con síndrome de Down, tendrás que trabajar en estrecha colaboración con profesionales médicos que lo entiendan y puedan apoyarte para superar las necesidades y desafíos especiales de tu hijo. Además de problemas de salud más grandes como leucemia y defectos cardíacos, las personas con esta afección deben estar protegidas de infecciones comunes como resfriados.

Hoy en día, las personas con síndrome de Down están viviendo vidas más ricas y más largas. Aunque podrían enfrentar varios desafíos de vez en cuando, estas personas definitivamente pueden sobrevivir y prosperar con el apoyo adecuado. Establecer un sólido sistema de apoyo compuesto por profesionales de la salud, familiares y amigos es absolutamente crucial para que las cosas funcionen y produzcan mejores resultados.

Mientras tanto, aquí hay más consejos para ayudar a una persona con síndrome de Down a lograr vidas ricas y satisfactorias y un miembro productivo de la comunidad:

Planificación para el futuro

Los adolescentes con síndrome de Down también enfrentan las mismas preguntas que otros jóvenes normales. Necesitan saber lo que deben hacer para vivir, trabajar y ser parte de los círculos sociales. Puede ser emocionante y estresante al mismo tiempo, por lo que la planificación es extremadamente crucial.

El Programa de *Educación Individualizado* (IEP, por sus siglas en día) diseñado para niños con síndrome de Down y es accesible en las escuelas públicas aborda la planificación de la transición. Su objetivo es ayudar a estas personas a visualizar su futuro y ayudarles a estar equipados con ciertas habilidades necesarias a medida que se acercan a la edad adulta.

A veces, los niños con la afección se ponen de mal humor y pueden volverse problemáticos a medida que experimentan cambios. Puedes pedirte apoyo adicional a tu equipo de atención médica.

Arreglo de Vida

Los adultos con la afección pueden seleccionar dónde pueden vivir y cómo lo hacen. Dependiendo de sus deseos y necesidades, algunos querrán:

- Vivir en casa con sus familias

- Establecerse en un apartamento o casa propia, pero requerirá servicios de apoyo

- Residir en la vivienda de los estudiantes a medida que van a la universidad

- Elija un hogar grupal donde puedan vivir con otras personas con discapacidades y tengan fácil acceso a orientación y asistencia médica

Educación Superior y Vida Profesional

Algunas personas con síndrome de Down optan por ir a escuelas de oficios o universidades, mientras que otros se unen a la fuerza laboral.

Hay tres tipos de trabajos que una persona con síndrome de Down puede adquirir:

- **Empleo refugiado**: Este trabajo les permite trabajar con otras personas con discapacidades. Su trabajo tiende a ser manual por naturaleza, como juntar bienes.

- **Empleo competitivo**: Estos son empleos normales que cualquiera puede solicitar. El entorno de trabajo no ofrece apoyo adicional, pero en su lugar, trata a la persona con una condición como cualquier empleado normal.

- **Empleo apoyado**: Este es el trabajo más típico para adultos con síndrome de Down. Trabajan con un entrenador de trabajo que les ayuda a lidiar con la velocidad del trabajo junto con sus colegas que no tienen discapacidades.

Relaciones sociales

Las actividades sociales ayudan a las personas, incluso a las personas con síndrome de Down, a sentirse satisfechas con sus vidas. Las personas con esta condición sin duda pueden participar en los deportes y tener sus propias aficiones o intereses.

Muchas personas con síndrome de Down tienen relaciones románticas y se casan. Esto hace que sea especialmente importante para los padres ayudar a sus hijos a entender acerca de los anticonceptivos, la sexualidad y las enfermedades de transmisión sexual.

Algunos también quieren hacer sus propias familias, aunque los hombres con síndrome de Down a menudo no pueden ser niños. Por otro lado, las mujeres que tienen la afección pueden tener hijos, aunque la mayoría de ellos son más propensos a tener bebés prematuros o experimentar abortos espontáneos. La crianza es bastante difícil para cualquier persona y aún más para las personas con esta condición. A pesar de los desafíos, tenemos que recordar a todos que no es imposible que las personas con síndrome de Down sean padres responsables y amorosos.

Problemas de salud

A medida que las personas con síndrome de Down envejecen, se vuelven más susceptibles a problemas de salud mental como la depresión. Esto puede ser desencadenado por varios factores tales como diferentes razones médicas y la muerte de un padre o un ser querido. En cualquier caso, el medicamento adecuado puede ayudar a aliviar o tratar los síntomas de una enfermedad en particular.

Por lo general, son propensos a adquirir problemas de salud relacionados con la edad antes que otros. Esto implica pérdida de memoria y problemas con los cambios en la personalidad o capacidades de juicio que son similares a la enfermedad de Alzheimer. Sin embargo, sería difícil saber si estos problemas de salud son síntomas de la enfermedad de Alzheimer u otros problemas. Otros problemas de salud que tienen las personas con síndrome de Down incluyen:

- Diabetes

- Cataratas u otros problemas de visión

- Colesterol alto

- Problemas tiroideos

- Alto riesgo de leucemia

- Menopausia temprana (para mujeres)

Para ayudar a una persona con síndrome de Down a mantener su salud a medida que madura en edad, asegúrese de que se les haga chequeos regulares.

Preguntas comunes sobre el síndrome de Down

¿Pueden las personas con síndrome de Down vivir de forma independiente?

Los adultos con síndrome de Down tienen derecho a elegir sus propios arreglos de vida. En realidad, muchos de ellos viven solos o con un compañero de cuarto. Hay quienes viven independientemente, los que viven con apoyo al menos una vez a la semana, y los que viven con apoyo.

¿Puede una persona con síndrome de Down obtener su licencia de conducir?

Si pueden pasar las pruebas escritas y prácticas, entonces definitivamente pueden obtener su licencia de conducir. Con suficiente apoyo y práctica, pueden hacer lo que cualquiera puede hacer y esto incluye conducir un vehículo. De hecho, hay algunas personas con síndrome de Down que ya tienen sus permisos de aprendizaje.

¿Puede una persona con síndrome de Down casarse y criar una familia?

Todo ser humano merece ser amado y las personas con síndrome de Down no son excepciones. Siempre y cuando la persona con la condición sea mayor de edad y decida casarse, definitivamente puede hacerlo. Hay personas con síndrome de Down que se casaron entre sí y las que se casaron con personas que no tienen la afección.

¿Se permite que una persona con síndrome de Down beba alcohol?

Mientras sean mayores de edad, no habría ningún problema. Las personas adultas con síndrome de Down pueden optar por beber alcohol si quieren. También se recomienda encarecidamente que lo hagan con moderación, ya que el alcohol afecta a las personas con la afección de la misma manera que el resto de nosotros.

Dificultades de aprendizaje de niños superdotados

El niño "dos veces excepcional"

"Dos veces excepcional o "e2" en resumen es el término utilizado para nombrar a los niños que tienen una capacidad excepcional pero también tiene discapacidad de aprendizaje, incluyendo ADD/ADHD, autismo, trastorno del espectro, dificultades del procesamiento sensorial y otros problemas de aprendizaje o neurológicos". Los niños dos veces dotados se agrupan en tres categorías distintas

- Los niños que sobresalen en la escuela pero más tarde muestran signos de discapacidad

- Niños con discapacidades diagnosticadas pero que muestran dones excepcionales en algunas áreas

- Niños altamente inteligentes que parecen promedio debido a discapacidades de aprendizaje

Los niños que pertenecen a la tercera categoría a menudo son pasados por alto, ya que algunas habilidades de aprendizaje como el TDAH pueden eclipsar sus habilidades.

Es bastante difícil entender a los niños que son dotados y desafiados. Estos chicos pueden usar su fuerza para compensar la necesidad especial y enmascarar sus dificultades de aprendizaje en el proceso. También podría ser que las necesidades especiales pueden enmascarar la donacidad. En la mayoría de los casos, es fácil que tanto la discapacidad como la dote no sean reconocidas.

Una vez que se identifican los niños e2, no es fácil obtener apoyo para sus necesidades en la escuela. Si están incluidos en un programa dotado, hay una tendencia a que estén desconcertados en un área determinada. Cuando se colocan en un programa de aprendizaje especial, podían sentirse aburridos, frustrados y despiadados. En cualquier caso, esto puede resultar en ansiedad, falta de autoestima, depresión y trastornos emocionales que eventualmente pueden conducir a problemas de comportamiento.

Tomemos el caso de Mickey, un niño de 14 años que tiene TDAH y dislexia. Sus necesidades especiales se identificaron durante su preescolar cuando se le pidió que se fuera debido a sus comportamientos que incluían negarse a sentarse con otros niños durante el tiempo del círculo.

No fue hasta que cumplió cinco años cuando hizo su primera evaluación neuropsicológica y fue durante ese tiempo que sus padres se dieron cuenta del potencial de Mickey. Obtuvo un puntaje extremadamente alto en el pensamiento visual-espacial, incluyendo la síntesis y el análisis que se puede traducir como excelencia en materias de Matemáticas, Cienciae e Ingeniería.

La lucha de los niños dos veces excepcionales

Los niños dos veces excepcionales a menudo tienen dificultades en la escuela debido a su discapacidad de aprendizaje, mientras que muchos padres y maestros no reconocen su potencial y mucho más su discapacidad. Aprender a ser conscientes de esta condición y reconocer las señales ayudará a los padres y maestros a encontrar maneras de ayudar a estos niños a desarrollar su potencial y aprovechar al máximo sus dones intelectuales.

Hay casos en los que los niños superdotados son reconocidos por su pobre rendimiento académico. Esto puede ser sorprendente para los padres, ya que es común asumir que la dote equivale a un alto rendimiento. Sin embargo, es posible que un niño con una discapacidad de aprendizaje tenga su talento eclipsado. Esto es especialmente cierto cuando un niño tiene TDAH/ADD o dislexia.

La dislexia es un trastorno del aprendizaje que afecta a las personas independientemente de la edad. Los niños y los adultos pueden tenerlo a través de los síntomas, así como su gravedad, puede variar con la edad. Por lo general, a las personas con dislexia les resulta difícil dividir las palabras en sonidos simples. Aprender cómo los sonidos se relacionan con las letras y las palabras es un desafío para ellos. Esta discapacidad conduce a una lectura y capacidades de comprensión deficientes.

Dado que la dislexia se conoce comúnmente como discapacidad de la lectura, se identifica en la infancia cuando los problemas en la lectura se vuelven obvios. Sin embargo, la dislexia puede no ser diagnosticada durante años y décadas.

Sin embargo, la dislexia no está relacionada con la inteligencia. Se considera como un trastorno neurobiológico que afecta las áreas del cerebro que tiene algo que ver en el procesamiento del lenguaje.

El donativo puede ser identificado en una asignatura como Matemáticas, pero la discapacidad del aprendizaje puede afectar el desempeño en otras áreas del plan de estudios.

También puede ser que el niño pueda aburrirse fácilmente cuando no encuentra las actividades escolares desafiantes y se les diagnostica erróneamente como que tienen ADD/ADHD porque dejan de prestar atención al maestro.

Desafíos emocionales y conductuales

Tener talentos y discapacidades o discapacidades identificadas puede tener consecuencias emocionales y conductuales para estos niños. Son conscientes de que son capaces de hacer más y, sin embargo, algo los está reteniendo y no pueden imaginar lo que es.

Según la Dra. Laura Phillips, PsyD – una neuropsicóloga del Child Mind Institute, "A menudo se puede ver un montón de frustraciones, ansiedad, y la desregulación conductual en los niños e2 debido a estas cosas que les están preocupando."

Los niños E2 tienen la tendencia a ser perezosos porque son claramente brillantes, pero tienen un bajo rendimiento en algunas áreas y reciben muchas críticas de padres y maestros. Su autoestima sufre y también podrían estar experimentando depresión.

Frustrados por sus dificultades, actúan de maneras infinitas, por lo que a menudo son mal caracterizados e incomprendidos como opositores.

Qué es la educación dotada

Poco después del desarrollo de las Pruebas Inteligentes a finales del siglo XIX, se reconoció por primera vez la necesidad de una educación dotada y talentosa. La primera escuela dotada para iniciar la educación escolar dotada fue en Worcester, Massachusetts a principios de 1900 y desde allí, muchas clases especiales, programas y escuelas para niños superdotados existen en los Estados Unidos y en todo el mundo.

Si bien la mayoría de estas escuelas requieren que los estudiantes estén en el percentil superior del 97% del mismo grupo para ser considerados para los servicios dotados y talentosos, la definición de dotado varía según el estado y el distrito.

Por lo general, estos niños son nominados, examinados y probados para determinar el alcance y las áreas de su talento antes de que sean asignados a su programa apropiado. Es importante tener en cuenta que no toda la dote de estos niños se determinará a través de una prueba de coeficiente intelectual. El Nacional; La Asociación de Niños Dotados informa que los niños eAL/ESL que estudian en su segundo idioma pueden incluso ser un grupo subrepresentado entre los programas de niños superdotados, junto con las minorías y los niños pertenecientes a familias de bajos ingresos.

Capítulo 4

Inteligencia y Pensamiento Rápido

❀ ı ❀ ı ❀ ı ❀ ı ❀ ı ❀ ı ❀ ı ❀ ı ❀ ı ❀ ı ❀ ı ❀ ı ❀ ı ❀

Si eres rápido para pensar, eso significa necesariamente que eres inteligente? Normalmente, sí. Sin embargo, hay algunas personas que tienen cociente de alta inteligencia pero no tienen una alta velocidad de procesamiento.

Las personas que quieren medir su coeficiente intelectual y su índice de velocidad de procesamiento pueden optar por la Escala de Inteligencia para Adultos de Wechsler, en la que la puntuación de ese índice es la menos g-cargada. En pocas palabras, la escala es la menos asociada con la capacidad cognitiva general.

Hay algunas personas que tienen un desempeño muy bueno en los otros índices, pero mal en la ISP y los estándares WAIS todavía los declaran como individuos altamente inteligentes. La mayoría de las pruebas de CI con carga g implican memoria, pensamiento de orden superior, vocabulario y diseño de bloques y no simplemente velocidad, aunque el diseño de bloques tiene un componente de velocidad.

Generalmente, el pensamiento rápido puede ser percibido como prueba de la salud orgánica del cerebro. Si todo está bien, entonces usted puede esperar que el procesamiento del cerebro es más eficiente. También podemos estar de acuerdo en que la velocidad de procesamiento está estrechamente relacionada con la inteligencia tanto como demuestra la capacidad de memoria de trabajo de una persona, es decir, si puede almacenar más cosas en su cerebro, comete menos errores y puede procesar información rápidamente.

Es fascinante notar que genios como Newton, Einstein o Da Vinci tardaron mucho tiempo en completar su trabajo. Sin embargo, también es interesante considerar la destreza mental de los estrategas militares y atletas cuando se trata de su velocidad de procesamiento. La capacidad de evaluar una determinada situación, reconocer los elementos (por ejemplo, puntos de seguridad, alianzas y hostilidades, puntos calientes, accesos y salidas, etc., ya sea en una batalla, debate, guerra, juego o campaña), e implementar eficazmente una decisión a través de el pensamiento siempre tiene una forma de avance en comparación con aquellos que saborean su tiempo.

Un estudio de UCLA descubrió que cuanto más inteligente sea la persona, más rápido procesa su cerebro la información. Esta capacidad de pensar rápidamente también se hereda. El estudio que fue publicado en el Journal of Neuroscience involucró a 92 voluntarios que tomaron pruebas de coeficiente intelectual. Durante el examen, los investigadores estudiaron sus cerebros utilizando un método llamado imágenes de tensor esdifusión (DTI).

Velocidad mental según DTI

El método de imágenes tensoras de difusión (DTI) es una forma de resonancia magnética (RM) y puede medir el componente estructural de la materia blanca del cerebro. Esta área del cerebro se compone de células que transmiten impulsos nerviosos de una parte del cerebro a otra. Cuando el componente estructural del cerebro es mayor, los impulsos nerviosos podrían viajar mucho más rápido.

Según un profesor de neurología en la Facultad de Medicina de UCLA, Paul Thompson, las imágenes que presentan la velocidad mental del cerebro es una de las imágenes cerebrales más bellas que puedas ver. Te recuerdan a pequeñas flores en cada punto del cerebro. Además, los escaneos DTI de los 92 participantes en el estudio muestran un vínculo distinguido entre la inteligencia y la velocidad cerebral.

Velocidad Mental: Una Habilidad Inherente

La genética es un factor importante en la velocidad del cerebro y la inteligencia. En el mismo estudio realizado por la Facultad de Medicina de UCLA, los investigadores pudieron determinar una conexión entre inteligencia y genes porque todos los 92 participantes eran gemelos. Algunos eran gemelos idénticos que tienen los mismos genes, mientras que los otros eran gemelos fraternos que comparten genes particulares.

Al comparar los grupos, los investigadores encontraron que la integridad de la mielina está determinada genéticamente en varias áreas del cerebro cruciales para la inteligencia, involucrando los _lóbulos parietales_ (responsables del razonamiento visual, espacial y lógico) y el _cuerpo calloso_ (responsable de la integración de las señales de los lados derecho e izquierdo del cuerpo). Calcularon que la presencia de una mejor calidad de la mielina en estas áreas corresponden a mejores puntuaciones en las pruebas de inteligencia general.

Dado que la velocidad y la inteligencia cerebral también están determinadas por los genes, ¿significa que no tenemos la capacidad de llegar a ser más de lo que somos? Eso sería un "no". No estamos atrapados con el cerebro ni con la inteligencia que heredamos.

Pensar es como levantar pesas o correr. Nos ayuda a tener ciertos genes, pero definitivamente podemos hacernos más fuertes o más rápidos haciendo ejercicio. Del mismo modo, nuestro cerebro es como un músculo. Cuanto más lo trabajas, más potente y eficiente se vuelve. Por lo tanto, las personas que siguen aprendiendo constantemente hacen maneras de fortalecer ciertas vías en sus cerebros.

Capítulo 5

Beneficios Probados
del Pensamiento Rápido

En el mundo acelerado en el que vivimos, tendemos a pensar que la capacidad de pensar rápidamente es una virtud. Como sociedad, definitivamente equiparamos la velocidad del pensamiento con la inteligencia de una persona. La capacidad de tomar decisiones rápidamente se mantiene con gran reverencia, particularmente en la sociedad corporativa. Si eres un pensador rápido, es más probable que tengas éxito, ya que las personas que te consideran con valor te priorizan en numerosas oportunidades de expansión.

Un *pensador rápido* se define como alguien que puede recoger nueva información, ideas o conceptos fácilmente y procesar información rápidamente. Por ejemplo, tu jefe te da un plan o una propuesta para revisar. Usted puede detectar fácilmente los problemas importantes, así como los problemas simplemente skimming el documento dado. Del mismo modo, los estudiantes que se consideran "aprendiz rápido" se consideran pensadores rápidos.

Al pensar rápidamente, usted es capaz de:

- Mira las cosas en varias perspectivas dentro de un corto período de tiempo

- Recordar rápidamente experiencia o conocimientos importantes de la memoria

- Identifique y construya relaciones o patrones entre cosas remotas rápidamente

- Observar el medio ambiente y comprender rápidamente lo esencial sobre las circunstancias o situaciones

Ahora, la pregunta es: ¿Puede alguien desarrollar pensamiento rápido? Mientras que los genes tienen algo que ver con nuestra capacidad de pensar rápido, uno siempre puede utilizar maneras de desarrollar su capacidad mental, en este caso, pensamiento rápido.

Antes de seguir adelante y hablar sobre cómo puede desarrollar esta habilidad, primero vamos a tener un repaso de las ventajas de pensar en su vida.

El pensamiento rápido promueve la felicidad

Un estudio encontró que el pensamiento rápido puede influir positivamente en el estado de ánimo. En el estudio, los investigadores pidieron a los participantes que leyeran una secuencia de declaraciones y luego controlaron la velocidad a la que se leyeron. Aproximadamente la mitad del grupo leyó las declaraciones al doble de la velocidad de lectura normal, mientras que la otra mitad leyó dos veces más lentamente la velocidad de lectura normal. Cuando se les preguntó sobre cómo su nivel de energía y estado de ánimo, los lectores rápidos respondieron que se sentían más enérgicos, más felices, más seguros y más creativos.

Lo interesante es que estos participantes también leen declaraciones que son muy positivas o deprimentes. Sin embargo, incluso si habían leído algo desgarrador, los lectores rápidos todavía se sentían felices. Según los investigadores, el experimento sugiere la fascinante posibilidad de que la mente humana pueda encontrar intervención en el pensamiento rápido durante situaciones depresivas.

Por lo tanto, la próxima vez que te sientas azul, trata de acelerar tus pensamientos o leer más rápido. Los investigadores creen que una técnica de manipulación de la mente tan simple podría aumentar su estado de ánimo, energía, y la autoestima.

El pensamiento rápido abre el camino hacia el éxito

Su velocidad de *procesamiento* es el ritmo al que absorbe la información (es decir, visual o auditiva), la entiende y comienza a responder en función de su interpretación de la misma. Dicho esto, la velocidad a la que procesa la información dada y produce resultados a menudo determina el rendimiento de su trabajo.

Los pensadores rápidos tienen altas habilidades de funcionamiento ejecutivo: planificación, organización, fijación de metas, resolución de problemas y la capacidad de mantenerse enfocados en las tareas.

Estas habilidades ayudan a determinar el éxito en varios aspectos de la vida, específicamente en el trabajo.

En un entorno de trabajo, los pensadores rápidos tienden a ser activos valiosos en su empresa. No sólo pueden producir resultados rápidos, hacer el trabajo más fácil, pero su capacidad tiende a aumentar la moral de sus compañeros de equipo y colegas. Estos factores pueden ayudar a determinar hasta dónde podrían llegar en la vida.

El pensamiento rápido te hace sentir socialmente cómodo

¿Alguna vez has estado en una reunión social cuando alguien de repente te hace una pregunta que te pone en un asiento caliente? ¿O ha experimentado que se le haya preguntado su perspectiva sobre un tema determinado durante una reunión? Estas son sólo situaciones normales que podrían causar malestar cada vez que estás en un entorno social. Sin embargo, si eres un pensador rápido, estas situaciones no serán un dilema, ya que puedes mantenerte fresco y seguro incluso bajo presión.

Cuando usted tiene la capacidad de traducir sus ideas en un discurso coherente de inmediato, usted garantiza que sus ideas son escuchadas. La gente te verá como una persona segura y confiable. Ya que te consideran positivamente, no encontrarás situaciones sociales angustiosas.

El pensamiento rápido te hace más carismático

Las investigaciones muestran que las personas que son rápidas en sus pies son más carismáticas. Según ellos, la velocidad mental contribuye en gran medida al carisma tanto como a la inteligencia social general (es decir, conocer reglas sociales específicas, tener la capacidad de leer el lenguaje corporal o las expresiones de una persona, y tener habilidades sociales particulares). Tomemos por ejemplo al presidente de Estados Unidos, Donald Trump. Mucha gente admitiría que está casi completamente desprovisto de gracia social, pero todavía se le considera carismático. Hay muchos artistas, músicos y políticos que no son socialmente hábiles, pero tienen un cierto aura que los diferencia del resto.

El desarrollo de pensamiento rápido le ayuda a mantenerse afilado incluso a medida que envejece

Cuando estás constantemente desarrollando tu mente, particularmente tus habilidades de pensamiento rápido, haces lo que puedes para lograr los resultados deseados. Esto podría incluir la transformación de sus hábitos de estilo de vida con el fin de proteger y asegurar su salud física y mental.

Al observar los buenos hábitos básicos de salud, también previene el deterioro cognitivo y reduce el riesgo de desarrollar demencia. Ciertas condiciones de salud como la depresión, la apnea del sueño y la diabetes pueden contribuir al deterioro cognitivo. Desafortunadamente, estas condiciones a menudo se asocian con el envejecimiento.

Además de mantenerse físicamente saludable, las actividades que implican entrenamiento mental pueden ayudarte a mantenerte alerta.

Capítulo 6

¿Cuándo Pensar Rápido o Lento?

Si usted está en el negocio, sus responsabilidades requieren que proporcione la más alta calidad del proceso de toma de decisiones. Además de todo, usted hace que hacerlo rápido como el tiempo en los negocios es un elemento crucial. Cuando usted está tratando con la competencia, especialmente en un sistema de vía rápida, cualquier segundo retraso en la toma de su decisión podría significar la caída de su negocio.

Sin embargo, algunas decisiones necesitan un pesaje adecuado que hacerlas rápidamente podría significar dejar de lado algunas áreas importantes que podrían ser críticas para su evaluación y, por lo tanto, afectar la calidad de su toma de decisiones. Por lo tanto, para poder proporcionar a su negocio el proceso de toma de decisiones más alto posible, debe ser muy consciente de cuándo pensar rápido y cuándo pensar lentamente para poder llegar a tomar decisiones de calidad. Tendrá que tomar decisiones de calidad y, si es posible, hacerlo rápido si desea hacer crecer su negocio. ¿Es posible?

Nuestra toma de decisiones implica la toma de decisiones personales y decisiones de negocios. Las decisiones personales están relacionadas con nuestra vida y nuestra familia, mientras que las decisiones empresariales son aquellas que están involucradas en el funcionamiento de nuestro negocio o carrera. En ambas áreas de la toma de decisiones, el TIME FRAME es un elemento esencial en la ejecución y su éxito.

Determinar cuándo pensar rápido y cuándo pensar despacio

Mientras tanto, las personas se apresuran a concluir que las personas que no pueden tomar decisiones inmediatas son ingeniosas. *La lentitud,* tal como la define Merriam Webster, es la cualidad de la falta de rapidez de la mente o la *inteligencia.* Muchos ignoran la idea de que el pensamiento profundo puede ser un proceso gradual, pero ciertamente tienen grandes resultados.

También tenemos que poner ciertas limitaciones. No todo el mundo considera la velocidad como el peso de la inteligencia "genuina" de una persona. Si aceptamos que la velocidad del pensamiento equivale al nivel de inteligencia, no encontraríamos la *precisión del pensamiento* igualmente valiosa. Piénsalo de esta manera: ¿Identificarías al próximo Isaac Newton o Albert Einstein entre los atletas o CEOs cada vez? La inteligencia podría contribuir en gran medida con la toma de conexiones y decisiones rápidas *(velocidad),* pero también se ocupa tanto de tomar las decisiones correctas *(precisión)* al mismo tiempo.

La percepción de la velocidad puede ser bastante poco fiable. Las personas se inclinan a sentirse "más inteligentes" cada vez que las cosas van bien y rápidamente para ellos - los expertos denominan esta noción como *fluidez*. En un estudio de la Universidad de Nueva York, se pidió a los voluntarios que respondieran a una serie de preguntas formateadas en una fuente clara y legible (para una experiencia *fluida)* y un tipo de fuente difícil de leer (para una experiencia *de dysfluente)*. El grupo que tuvo que esforzarse duro terminó pensando profundamente y respondiendo a las preguntas con mayor precisión en comparación con el otro grupo que fue capaz de leer las preguntas. Incluso las personas cuya línea de trabajo les obliga a tomar decisiones rápidas tienden a pensar largo y tendido cuando se enfrentan a situaciones que exigen decisiones precisas, un proceso que no es tan diferente del pensamiento *lento*.

Entonces, ¿significa esto que debemos preferir el pensamiento lento antes que el pensamiento rápido?

En escenarios potencialmente mortales, la velocidad es crítica. Sin embargo, el estilo de vida moderno enfatiza la importancia del pensamiento rápido. El trabajo, en particular, exige demasiado tiempo, por lo que naturalmente queremos hacer las cosas rápidamente.

Debemos enfatizar que el pensamiento rápido y el pensamiento lento tiene su propio tiempo y lugar. No puedes elegir a ninguno de los dos para aplicarlo de manera individual a lo largo de tu vida, ya que eso sería imposible. ¿Cómo puedes disfrutar de la vida cuando siempre tienes prisa? ¿Y puedes darle vida a tu vida cuando todo se tiene en cuenta? La vida se disfruta mejor sabiendo cuándo aplicar la velocidad adecuada para hacer las cosas.

El mejor ritmo para procesar las cosas depende de las diversas situaciones, las demandas y su nivel de experiencia. El estudio de Beilock afirma que la velocidad "correcta" para crear, pensar, decidir o resolver problemas dependerá de la *demanda atencional,* así como de su experiencia en una tarea enparticular.

Pensar rápido durante períodos cortos puede lograr resultados efectivos. También puede ser muy gratificante. Por otro lado, ser forzado a pensar rápidamente para una tarea en particular cuando usted no tiene las habilidades fundamentales y la experiencia es bastante estresante e inútil. Si quieres practicar el pensamiento rápido, sigue con los temas o habilidades que tienes experiencia. Si quieres practicar el pensamiento rápido en áreas en las que careces de suficientes habilidades o maestría, trabaja en ello lenta y constantemente. Necesita establecer su experiencia primero antes de poder ejecutar su capacidad de pensamiento rápido.

Velocidad de reacción vinculada a la inteligencia

¿Están correlacionados el razonamiento sistemático y el pensamiento rápido? Hasta ahora, la investigación toma tiempo para averiguarlo.

Sir Francis Galton: Velocidad - Smarts

Sir Francis Galton construyó un Laboratorio Antropométrico en Londres en 1884, donde cargó tres peniques a aquellos que quieren someterse a pruebas simples como la medición de altura y peso, la nitidez de la vista y la velocidad del punzón. Esto resultó ser un gran éxito recopilando datos de 17.000 personas. Sir Galton lo describió como lleno de gente esperando pacientemente sus turnos para las pruebas. Más tarde, trasladaron el laboratorio al Museo South Kensington.

Galton fue reconocido como el padre de la psicometría (una medida de las habilidades mentales) y fundador de los movimientos de eugenesia. Fue despreciado por el más tarde debido a sus teorías sobre la herencia. También estaba profundamente interesado en la velocidad. Creía que para ser capaz de cuantificar la capacidad mental de una persona, el tiempo de reacción era un factor a tener en cuenta. Galton hizo uso de un aparato basado en péndulo para obtener el tiempo de respuesta de un sujeto al sonido de un martillo o la vista de un disco de papel. Se recogieron velocidades de reacción de promediación de 185 milisegundos (segundero dividido). Estos segundos divididos más tarde se convertirían en demanda como un estándar de medición del tiempo para las ciencias sociales.

A medida que pasaban décadas, otros investigadores habían ido tras la idea de Galton de que la velocidad de reacción es equivalente a lo inteligente que es una persona. A pesar de que muchas pruebas recientes no encontraron ninguna relación constante entre la velocidad y la inteligencia, algunas pruebas resultaron en vínculos débiles pero aparentes entre las altas puntuaciones de inteligencia y los tiempos de reacción cortos. La lógica detrás de eso es cuanto más rápido sea la información del proceso cerebral que adquirió, el intelecto más agudo que tiene. Los nervios de los ojos pasan las señales al cerebro que a las otras partes que activan las neuronas motoras para procesar la información.

El psicólogo Michael Woodley y la declinación del CI

La creencia de vidas aceleradas como un signo de aptitud mental y productividad fue cuestionada por los hallazgos del psicólogo Michael Woodley de la Universidad de Umea en Suecia y sus colegas. Compararon el intelecto de las personas en los tiempos actuales con los de la era victoriana utilizando más de un siglo de datos sobre los tiempos de reacción. Estos investigadores revisaron los 14 estudios realizados entre los años 1880 y 2004 que incluían el conjunto de datos en gran parte no concluyente de Galton. Descubrieron que las personas hoy en día son inferiores a nuestros ancestros victorianos por unos 13 puntos de coeficiente intelectual, teniendo un promedio de 1,16 puntos de declinación de puntos de ci por década.

La era victoriana era conocida por el auge de los anestésicos, los ferrocarriles, el tenis y la primera feria mundial. Como Woodley y sus colegas escribieron, estuvo marcado por la explosión de genios creativos. Aunque los factores ambientales promueven y mejoran ciertas habilidades (por ejemplo, una mejor educación y nutrición fueron reconocidas por algunos investigadores para aumentar el coeficiente intelectual en las últimas décadas), Woodley dice que nuestros genes nos están haciendo más tontos, basados en perspectivas biológicas .

Por el contrario, los críticos son bastante desagradables con la idea de nuestra trayectoria mental decreciente. Dicen que, sea cierto o no, los datos pasados de investigaciones independientes con diferentes protocolos no son las mejores opciones para obtener resultados presentes fiables. Los tiempos de reacción se basan en la precisión que se enfatiza en el estudio y se sabe que varían según la naturaleza de la señal de prueba y la práctica avanzada de los sujetos. Otros investigadores también prefieren otras formas de medición de los tiempos de reacción observando la variabilidad en los tiempos de respuesta, o añaden la toma de decisiones (por ejemplo, uno sólo puede reaccionar a la luz cuando es de color rojo) en lugar de la media.

Velocidad vs. Razonamiento

Es ampliamente aceptado que la velocidad se equipara a su nivel de inteligencia. En cuanto a lo que dice Merriam Webster, la lentitud carece de la rapidez de la mente o la inteligencia. Sin embargo, también se acepta que no todas las reacciones rápidas o decisiones que se toman se demuestran como resultado del pensamiento inteligente. Como si encontraras un Einstein atlético. La inteligencia tiene mucho que ver con las reacciones rápidas, pero también se ocupa de las decisiones correctas.

La percepción de la velocidad también puede ser engañosa. Las personas tienden a sentirse más inteligentes cuando se enfrentan a cosas que vienen rápido y fácil, o cuando no hay ninguna molestia. Es un concepto llamado fluidez. En un estudio específico, Adam Atler y sus co-psicólogos de la Universidad de Nueva York pidieron a sus sujetos que respondieran una serie de preguntas escritas en una fuente ligeramente borrosa (experiencia más fluida) o una versión clara, nítida y fácil de leer (fluida). Descubrieron que los voluntarios que tenían que esforzarse más terminaron en procesar el texto más profundamente y respondieron a las preguntas con mayor precisión.

Por lo tanto, la inteligencia no se trata de tomar decisiones rápidas. También se trata de dar decisiones bien razonadas que son el producto de un lento y un pensamiento duro. En otras palabras, pensamiento lento.

Capítulo 7

Relacionar la Inteligencia Con la Toma de Decisiones Inteligentes

Una decisión inteligente es una habilidad que se puede adquirir a través de un proceso de aprendizaje. Tenemos esto inherente a nosotros, pero el proceso generalmente se determina a través de experiencias de vida. A medida que nos convertimos en adultos, nos estamos dando cuenta de que las experiencias pueden ser costosas y la mayoría de las veces ineficaces en nuestro aprendizaje, ya que la mayoría de las veces nos enseña más malos hábitos que buenos. Si bien las decisiones pueden variar dependiendo de las situaciones, la experiencia adquirida al tomar una decisión importante puede ser de poca o ninguna utilidad cuando surge otro problema que requiere la toma de decisiones.

Pensamiento rápido, -¿Pensamiento inteligente?

Sir Francis Galton, conocido como el Padre de la Psicometría, fue reconocido por sus esfuerzos para probar que la inteligencia humana se puede medir a través de pruebas de reacción del tiempo. Esto fue antes del advenimiento de las pruebas de coeficiente intelectual. Según Galton, cuanto más rápido pudiera registrarse e identificar un sonido que escuche, cuanto mayor sea el nivel de inteligencia.

Para probar esta teoría, utilizó un aparato basado en péndulo para cronometrar la respuesta de una persona al sonido de un martillo o al ver un disco. Galton fue capaz de recoger la velocidad de reacción de los sujetos humanos promediando alrededor de 185 milisegundos. Otros investigadores se interesaron en la teoría de Galton - la velocidad equivale a la inteligencia - que persiguieron este estudio.

Otros resultados de este estudio demostraron una correlación débil pero inconfundible entre el tiempo de reacción corto y una alta puntuación en inteligencia. Lógicamente, se cree que las señales nerviosas más rápidas se transfieren de los ojos al cerebro y al circuito que impulsa las neuronas motoras, más rápido es la información del proceso cerebral que recibe y así más agudo es su intelecto. Investigaciones recientes, sin embargo, no encontraron ninguna relación consistente.

Michael Woodley, un psicólogo de la Universidad de Umea en Suecia y sus colegas creían firmemente en el vínculo de que utilizaban un mayor volumen de datos sobre los tiempos de reacción sólo para comparar nuestra inteligencia con las de los victorianos. Su estudio estaba tratando de establecer nuestra creencia moderna de que un estilo de vida acelerado es a la vez un signo de productividad y aptitud mental.

Utilizando 14 estudios realizados entre 1880 y 2004 incluyendo los datos de Galton, descubrieron que hay un nivel decreciente en el número de tiempos de reacción correspondientes a una pérdida de un promedio de 1.16 puntos I.Q. que demuestran que las personas modernas son mentalmente inferiores a las personas durante la era victoriana por alrededor de 13 puntos IQ.

Como Woodley y sus colegas solían decir, la era victoriana estuvo marcada por una explosión de genio creativo. Esa fue la era que marcó la primera feria mundial, el advenimiento de los anestésicos, el auge de los ferrocarriles, la introducción del juego del tenis, y muchos más. Woodley argumentaría que si bien los factores ambientales tienen efectos significativos en algunas habilidades específicas, pero desde el punto de vista biológico, parece que los genes tienen su impacto negativo. Sin embargo, los críticos de Woodley y la compañía se apresuran a defender y no estar de acuerdo en el aparente deterioro mental basado en los hallazgos de Woodley. Justificaron su oposición basándose en el hecho de que, independientemente de si hay verdad en el declive de la inteligencia, utilizar datos antiguos de estudios independientes con protocolos variados no es la manera adecuada de probar la investigación.

Los tiempos de reacción pueden variar dependiendo de la cantidad de precisión que se coloca en el estudio, la naturaleza de las señales de prueba y si los participantes practican con anticipación. Algunos investigadores piensan que otras medidas de los tiempos de reacción son más evidentes. Se centran en la variabilidad en el tiempo de respuesta en lugar de considerar el promedio, y algunos agregaron el elemento de toma de decisiones como cuando reaccionas al destello de luz sólo es (digamos) VERDE.

En nuestra sociedad actual, ciertamente equiparamos la velocidad con ser inteligentes. Merriam- Webster incluso define "la lentitud como la calidad de la falta de inteligencia o rapidez de la mente."

¿Son inteligentes las personas ingeniosas?

Las personas inteligentes pueden hacer lo siguiente:

- Procesar información rápidamente.

- Procesar la información a fondo.

Aquellos que son ingeniosos pueden cumplir con estos requisitos. Pueden adaptarse rápidamente a cualquier situación para encontrar una solución a cualquier problema que necesiten resolver en el menor tiempo posible. Como están constantemente alerta, pueden decodificar rápidamente los recursos disponibles y reaccionar a la situación muy rápidamente.

El tipo más común de inteligencia es procesar información rápidamente. Esto se ve a menudo en niños superdotados, aunque no son del tipo de genio como Einstein. Sin embargo, procesar la información en profundidad es una cosa totalmente diferente.

Si bien el procesamiento rápido de la información es un rasgo que puede hacerte inteligente, procesar la información profundamente es lo que hace un genio: un Einstcin. ¡Aquí es donde radica la diferencia!

Las personas ingeniosas rápidas son rápidas para procesar la información. Ser capaz de mirar una idea en diferentes ángulos y no sólo en un punto de vista es la esencia del pensamiento profundo. Juguete con la idea, mezclarla y combinarla con otras ideas, y crear una idea completamente nueva a partir de la aplicación de ideas antiguas.

Esas personas que son buenas en hacer comentarios divertidos a menudo se describen como ingeniosas, aunque, algunas pueden ser a la vez ingeniosas y analíticas al mismo tiempo. Aún así, no son reconocidos como un genio. El arte de la comedia es ver una idea en un ángulo que es bastante diferente de lo que uno suele ver o espera , ¡y que lo que la hace divertida!

La capacidad de las personas que pueden pensar profundamente y pueden mirar una idea en sus diferentes perspectivas les permite ser adaptables a medida que aplican sus conocimientos a nuevas situaciones que podrían estar en forma o formas de:

- Problemas matemáticos, ya que a menudo implican la aplicación de nuevas ideas y no simplemente reutilizar las antiguas

- Resolver problemas relacionados con el negocio

- Crear una idea filosófica

- Realización de investigaciones científicas

Por lo tanto, aunque las personas ingeniosas no son consideradas como otro Einstein, son vistos como más inteligentes que otros porque pueden pensar profundamente y rápidamente. Están alerta y pueden procesar a un ritmo rápido y aplicar información de maneras no convencionales al pensar profundamente.

Capítulo 8

Toma de decisiones a través del procesamiento rápido del pensamiento

La importancia de tomar buenas decisiones

Los buenos tomadores de decisiones son tremendamente necesarios en nuestro mundo hoy en día. Las personas que pueden tomar decisiones rápidas y responsables son necesarias por casi todos los establecimientos o empresas. Esta es la razón por la que es esencial enseñar buenas habilidades de toma de decisiones. Sin embargo, para aquellos que querían aprender esto, uno debe saber primero de su importancia.

Características de los buenos responsables de la toma de decisiones

Las personas que pueden combinar el análisis de problemas, la intuición y la lógica se consideran el mejor tipo de tomadores de decisiones. A continuación se enumeran las cualidades adicionales que la mayoría de los buenos responsables de la toma de decisiones tienen:

Son realistas - un buen responsable de la toma de decisiones entiende el resultado de una manera realista, lo que a menudo conduce a diferentes caminos.

Tener una mente abierta - un buen tomador de decisiones tiene una mente abierta cuando se trata de las opiniones y formas de pensar de otras personas. Para ellos, cuantas más opciones, mejor.

Tener flexibilidad y la voluntad de cambiar - buenos responsables de la toma de decisiones no sólo pensar en la manera efectiva habitual. También piensan en formas alternativas que podrían conducir a resultados mucho mejores.

Son buenos oyentes - Los buenos responsables de la toma de decisiones también escuchan la opinión de otras personas como referencia antes de tomar y finalizar decisiones.

Tienen un conjunto claro o fijo de prioridades - No importa cuán única o peculiar sea su decisión, los buenos responsables de la toma de decisiones siempre se aseguran de que su decisión no comprometa su conjunto de prioridades. En otras palabras, las decisiones que toman están alineadas con ellas.

Criterios más importantes para una buena toma de decisiones

Según los expertos, hay tres criterios más importantes para una buena toma de decisiones, y estos son:

Sentido común - Este es un componente importante cuando se trata de una buena toma de decisiones, ya que ayuda en la elección de una decisión contra otra.

Valores - Se dice que los valores de uno afectan a sus capacidades de toma de decisiones. Esto se debe a que sus creencias producen actitudes, actitudes producen sentimientos, y estos sentimientos conducen a un comportamiento que afecta la decisión en sí.

Experiencia - Todas las personas aprenden la toma de decisiones a través de su propia experiencia. Ya sea una experiencia buena o mala, esto afectará las decisiones en el futuro.

Es esencial que uno tenga buenas habilidades decisivas. Cuantas más personas mejoren esto, más valor tendrán en sus futuros trabajos, así como en su familia y comunidad.

Dado que la toma de decisiones implica tomar decisiones, muchos tienen miedo de tomar una por su temor a elegir el camino equivocado. Aunque ser conocedor es una necesidad, no es bueno confiar en él solo. Tenga en cuenta que las buenas decisiones dependen del sentido común mucho más que los antecedentes educativos de uno.

Entender cómo nuestro cerebro toma decisiones

Según los expertos, tenemos dos modos de pensamiento, y eso es Pensamiento rápido (Sistema 1) y Pensamiento lento (Sistema 2).

El sistema de pensamiento rápido del cerebro nos permite dar una respuesta instantánea a las preguntas que nuestro cerebro percibe como fáciles. Esta es la razón por la que podemos responder instantáneamente a la pregunta 1+1.

Tenga en cuenta, sin embargo, que el pensamiento rápido sólo funciona de acuerdo con los datos que ya están almacenados dentro de nuestro cerebro. No hace falta decir, si usted pasó a ser analfabeto y nadie le dijo que la respuesta a 1+1 es 2, no hay manera de que usted sepa la respuesta.

> *El sistema 1 es la parte del cerebro humano que maneja las cosas simples: decisiones automáticas y sin importancia, interacciones sociales, entrada sensorial, así como otras señales cerebrales entrantes que se pueden resolver fácil y rápidamente.*

Dado que es instintivo y rápido, el sistema 1 generalmente no implica nada que se relacione con el pensamiento. En otras palabras, es más bien un instinto intestinal. Si en caso de que te asustaste después de mirar directamente hacia abajo en la parte superior del edificio o esquivaras automáticamente una pelota volando hacia ti, estás usando el Sistema 1.

El sistema de pensamiento lento del cerebro, por otro lado, nos permite dar respuestas a una cierta pregunta después de pensarlo un poco. Eventualmente podemos responderlo justo después de darnos un poco de tiempo para pensarlo. Este proceso se compone de un montón de trabajo mental, que es deliberado, ordenado y laborista.

> *El sistema 2 es la parte lógica y de orden superior del cerebro humano. Es la parte que implica tomar decisiones,*

Dado que el sistema 2 es más consciente y deliberado, las personas lo utilizan para tomar decisiones como conducir o caminar al trabajo, elegir entre convertirse en abogado o médico o decidir entre tomar unas vacaciones o no.

Tomemos esto como ejemplo. Es un hecho para los ciudadanos estadounidenses conocer la temperatura que se mide en grados Fahrenheit. No hace falta decir que cada vez que las noticias en la televisión dicen que es 130 grados ahora, automáticamente lo perciben como una medida Fahrenheit. Esto es debido a su Sistema 1 del cerebro en el trabajo.

Sin embargo, si van a países asiáticos como la India, los datos que ya están en su cerebro con respecto a la temperatura pueden no ser aplicables allí. Esto se debe a que la temperatura en la India se mide en grados Celsius. Así que si quieren saber su equivalente en Fahrenheit, necesitarán algún tiempo, así como la fórmula para convertir Celsius a Fahrenheit. Aquí es donde el Sistema 2 de su cerebro comenzará a funcionar. Para que alguien haga esto con precisión usando el Sistema 1, tomará una cantidad considerable de tiempo.

Esto también es lo mismo para los idiomas. Cada vez que las personas hablan su idioma nativo, lo hacen por instinto, por lo tanto, usando el Sistema 1. Si quieren aprender un idioma diferente, pueden hacerlo usando System 2. Sin embargo, si quieren hablarlo sin pensar demasiado, tomaría algún tiempo.

El sistema 1 se puede entrenar a través de mucha práctica, aunque puede tomar mucho tiempo y esfuerzo. La razón por la que los conductores novatos son demasiado riesgo para tener en la carretera es porque su sistema 1 todavía necesita mucha práctica y su sistema 2 funciona mucho más lento.

La verdad es que tratar de saber cómo funciona el cerebro puede ser confuso y problemático. Tomemos a Beethoven, por ejemplo. A pesar de ser sordo, fue capaz de escribir piezas musicales increíbles. Sin embargo, también se sabe que a menudo comete el error de extraviar sus llaves. Aunque puede ser un genio cuando se trata de Música, la gente puede pensar que carece de sentido común.

Hace décadas, Isaiah Berlin, un filósofo escribió un ensayo comparando los estilos de pensamiento de los grandes autores. Para ordenar sus observaciones, se basó en la poesía griega de dos milenios y medio del poeta guerrero Archilochus, diciendo que el zorro sabe muchas cosas, pero el erizo sabe una gran cosa.

Si aplicamos este pasaje con el pensamiento, podemos decir que la parte del erizo es el Sistema 1, que tiende a ver todo a través de la causa y el efecto, así como tener una certeza absoluta sobre los hechos desnudos que conocen. En otras palabras, esta parte tomará una cierta decisión, ya sea sí o no.

El zorro, por otro lado, es el Sistema 2. Esta es la parte que siempre buscará pruebas o pruebas antes de finalizar una decisión. En otras palabras, puede pensar que las ideas opuestas tienen cualidades positivas y negativas.

Cada vez que una persona está despierta, los sistemas 1 y 2 están despiertos. Mientras que el sistema 1 funciona automáticamente, el sistema 2 suele estar en modo de bajo esfuerzo. Mientras que el sistema 1 da varias sugerencias al sistema 2 tales como sentimientos, intenciones, intuiciones, e impresiones, el sistema 2 decide que se considera verdadero dependiendo de los datos que se almacenan en el cerebro. Una vez hecho esto, las intuiciones aprobadas se convertirán en creencias, y los impulsos se convertirán en acciones voluntarias. En la mayoría de los casos, system 2 acepta las sugerencias del sistema 1 sin ningún cambio. En otras palabras, solemos creer en nuestras impresiones y actuar de acuerdo con nuestros deseos.

¿Cómo se relaciona la toma de decisiones inteligente con el pensamiento rápido?

Como empresarios, las personas necesitan tomar decisiones de calidad (así como hacerlo rápido) si quieren que su negocio florezca. Suena imposible pero cierto.

Como humano, ambos tomamos decisiones personales y de negocios. El primero está relacionado con nosotros y nuestra familia, mientras que el segundo está relacionado con nuestro trabajo o carrera. Ambos necesitan un componente esencial para ser eficaces, por ejemplo, el tiempo o la duración a la hora de tomar tales decisiones.

La mayoría de los emprendedores nunca encuentran la oportunidad de adaptarse a ellos debido a dos cosas principales: la primera es que están constantemente buscando oportunidades y la segunda es que, cada vez que encuentran la oportunidad, deciden no utilizarla.

¿Por qué es necesario tomar decisiones rápidas?

Como empresario, no puedes esperar que todo el mundo pueda esperar tu decisión sin importar cuánto tiempo tome. Al estar al final de todo el proceso, la vida de un emprendedor depende de la rapidez con la que tomes decisiones. Tenga en cuenta que siempre habrá personas más competentes que pueden tomar las mismas decisiones más rápido que usted.

Si usted pregunta por qué, enumerado a continuación están las razones por las que los empresarios deben saber cómo tomar decisiones rápidas:

Utilización rápida de oportunidades u oportunidades - Si usted ve una oportunidad o simplemente una "puerta abierta" para hacer que su negocio florezca, no tendrá ningún valor para usted si decide no usarlo. Debido a esta razón, usted necesita hacer un proceso de toma de decisiones rápido y rápido que puede ayudarle a obtener esa oportunidad. Además de eso, esto también le ayudará a aplicar las acciones correctas con respecto a tal oportunidad.

Respuesta rápida cuando se trata de las necesidades del cliente - Como empresario, recuerde siempre que su negocio simplemente existe debido a sus clientes y sus necesidades. Así que si descubres problemas al respecto, tendrás que tomar medidas inmediatas. Sus competidores aprovecharán la oportunidad de atrapar a sus clientes si resulta que es incompetente y no responde a sus problemas.

Respuesta rápida hacia las actividades de sus competidores - A medida que continúa haciendo diferentes negocios para que su negocio florezca, tenga en cuenta que sus competidores están haciendo lo mismo. Si desea mantener el mercado a su favor, es posible que tenga que hacer respuestas apropiadas para contrarrestar sus acciones rápidamente.

Toma de decisiones rápida s incons.

Según los expertos, la calidad de la toma de decisiones depende de la rapidez de la toma de decisiones. En otras palabras, la calidad de la decisión es una función de la velocidad de toma de decisiones.

Cuanto más rápido sea su proceso de toma de decisiones, menor será su calidad.

Los empresarios saben que la velocidad de toma de decisiones también se ve afectada por la cantidad de datos que tienen sobre el problema en cuestión. Para tomar decisiones de calidad, uno debe asegurarse de que entienden la información correctamente.

Más información

=

Más decisión de calidad

=

La única variable que queda aquí que afectará a la velocidad de toma de decisiones no es otra que el propio empresario.

Información y Emprendedor: Base para la toma de decisiones

Dado que la cantidad de información afecta a la calidad de las decisiones que toma un emprendedor, también hará que las cosas sean difíciles de decidir. A veces, la información puede ser inadecuada, lo que hará que el proceso de toma de decisiones sea lento. Incluso puede ir infinitamente. En otros tiempos, la calidad de las decisiones tomadas se disminuye, lo que tampoco es algo bueno. En este caso, los empresarios pueden pasar más tiempo recopilando más información.

Por otro lado, un emprendedor debe tener la capacidad de procesar piezas de información que tiene y utilizarla en su beneficio. Para decirlo, uno debe reunir suficiente información que posiblemente permita buenas estimaciones para que los emprendedores descubran o formulen nuevas tendencias e ideas que beneficien su negocio en el futuro.

A pesar de la información incompleta, los empresarios deben tener el don o la capacidad de llegar a conclusiones de calidad cuando se trata de reconocer tendencias. Por lo tanto, deben tener buenas habilidades analíticas.

DECISIÓN DE CALIDAD

=

Habilidades analíticas

+

Cantidad óptima
ide información disponible

+

La forma de información

Las habilidades analíticas de los emprendedores pueden afectar la velocidad de sus procesos de toma de decisiones. Se dice que los emprendedores exitosos tienen una precisión de toma de decisiones de al menos 70%, así como pensamiento rápido.

Las características principales de las personas analíticas es la capacidad de profundizar dentro de un grupo de información que despierta su interés, algo que las personas promedio suelen no tener. Para que tengan esta habilidad, el conocimiento es una necesidad.

Los buenos tomadores de decisiones son tremendamente necesarios en nuestro mundo hoy en día. Las personas que pueden tomar decisiones rápidas y responsables son necesarias por casi todos los establecimientos o empresas. Esta es la razón por la que es esencial enseñar buenas habilidades de toma de decisiones. Sin embargo, para aquellos que querían aprender esto, uno debe saber primero de su importancia.

Capítulo 9

Vincular la Inteligencia Emocional (EQ) con la toma de Decisiones de Calidad

Un Adulto promedio toma unas 35.000 decisiones remotamente conscientes por día según un estudio de la Universidad de Cornell. Algunas de estas decisiones tienen un mayor impacto en nuestras vidas, mientras que otras son desafiantes. Por lo tanto, las habilidades de toma de decisiones son cruciales para todos nosotros y no se limitan únicamente a políticos, empresarios o líderes. Tú y yo no somos excepciones. Para tomar decisiones acertadas, necesitamos entender los diversos factores que influyen en nuestras decisiones actuales.

Uno de los factores más importantes que determinan nuestras decisiones son *nuestras emociones*. Las emociones son nuestros mayores motivadores y sirven como nuestro impulso interno para trabajar duro. La mayoría de nuestras acciones están destinadas a generar emociones y sentimientos — por lo general, felicidad— cada vez que hacemos una tarea. Nosotros, como seres humanos, naturalmente queremos recibir experiencias positivas, y este tipo de mentalidad predetermina nuestro enfoque para realizar una tarea.

Generalmente, una vez en un estado estimulado, las personas están motivadas a hacer algo que normalmente ni siquiera considerarían en primer lugar. Las emociones y sentimientos extremos como la frustración, el hambre, la ira y la excitación sexual pueden empujar a una persona a realizar una acción que normalmente no se le ocurriría hacer.

A menudo tendemos a subestimar los efectos de nuestras emociones en nuestro comportamiento, pero este no debería ser el caso. Al comprender los roles de las emociones en nuestro proceso de toma de decisiones, comenzamos a entender que hay un equilibrio perfecto entre la intuición y la razón que nos ayudaría a tomar las mejores decisiones que pueden afectar en gran medida nuestras vidas.

> *Tanto las emociones negativas como las positivas pueden resultar en una mala toma de decisiones. A menudo se nos recuerda que debemos evitar tomar decisiones cuando estamos enojados, frustrados o emocionados. Las mejores decisiones siempre se toman en un estado tranquilo, recogido y compuesto.*

Según los expertos, de las 35.000 decisiones que la gente toma cada día, 226 de esas decisiones implican alimentos solos.

Hay algunas decisiones que plantean un mayor efecto en comparación con otras, lo que las hace difíciles de tomar. Lo creas o no, la toma de decisiones es una habilidad que también necesita perfeccionarse, por lo que es un hecho que es probable que uno encuentre dificultades. Con el fin de tomar mejores decisiones, primero se debe identificar y entender las cosas que influyen en sus decisiones anteriores.

Recientemente se descubrió que las emociones afectan tanto el trabajo como la toma de decisiones. Dado que las acciones de las personas se basan principalmente en sus emociones, quieren recibir una respuesta positiva de ella, lo que eventualmente influye en su enfoque hacia esa tarea.

En el libro titulado 'Predictably Rational', el autor, Dan Ariely, trata de explorar las fuerzas ocultas que influyen y dan forma a las decisiones de las personas. Sugiere en su libro que, cuando las personas sean estimuladas, emprenderán acciones que rechazarán mientras estén en su estado normal. Después de realizar una serie de experimentos con hombres jóvenes, concluyó que realizaron ciertas acciones que consideran "anormales" mientras están en un estado estimulado que, en este caso, es excitación sexual. También agregó que otras emociones extremas como el hambre, la ira y las frustraciones también pueden conducir al mismo resultado, demostrando así su experimento de que las emociones pueden afectar las decisiones de uno.

A pesar de que Ariely fue criticado por hacer que los estudiantes universitarios masculinos participaran en este experimento, la influencia de las emociones en las decisiones de uno todavía se ha demostrado verdadera. Sin embargo, también se puede ver que tales decisiones son generalmente en el lado negativo, decisiones que la gente no tomará mientras están en su mente correcta.

Las emociones positivas y negativas pueden resultar en malas decisiones. Sin embargo, la mayoría de las personas no dan un alboroto o incluso muestran la más mínima emoción cuando se trata de sentimientos negativos. Durante décadas, numerosos estudios han sido realizados por científicos del comportamiento, revelando que las emociones pueden beneficiar y dañar las capacidades de toma de decisiones de todos. Sin embargo, es una creencia popular que las emociones sólo conducen a un juicio nublado y deben evitarse a toda costa, especialmente durante situaciones profesionales.

Importancia de las emociones

A pesar de esto, las emociones siguen siendo cruciales. Las emociones nos proporcionan los instrumentos que necesitamos para interactuar y desarrollar relaciones significativas con otras personas. Además, se sabe que nuestra capacidad de entenderlos y manejarlos, es decir, la inteligencia emocional (EQ), juega un papel vital en nuestro proceso de toma de decisiones.

Si te das cuenta, los pensadores analíticos pueden evaluar sus decisiones considerando los pros y los contras de una determinada situación y desprendiéndose de los componentes emocionales. Sin embargo, los elementos que influyen en el proceso de toma de decisiones no son tan simples. Incluso las experiencias pasadas pueden invocar sentimientos relacionados en ese momento en particular y pueden afectar indirectamente la toma de decisiones. Así que, lo aceptemos o no, las emociones juegan un papel importante en la toma de nuestras decisiones.

Las personas con alta inteligencia emocional (EQ) son más intuitivas y conscientes de sí mismos que otras. Pueden administrar eficazmente sus relaciones y adquirir relaciones saludables en el proceso. Sólo observar a los hombres exitosos en varios campos de negocios. No alcanzaron su nivel de éxito simplemente siendo inteligentes o teniendo un alto coeficiente intelectual. Estas personas se han convertido en grandes tomadores de decisiones, ya que pueden empatizar con los demás y son comunicadores dinámicos. Sin embargo, ¿cómo lo hacen?

Según el profesor Stéphane Cété de la Universidad de Toronto, las personas que exhiben un cociente emocional alto no necesariamente eliminan todas sus emociones durante su toma de decisiones. Sólo retiran emociones que no tienen nada que ver con su decisión.

Los responsables de la toma de decisiones eficaces no desestiman completamente sus emociones o intuición. En su lugar, se permiten experimentar tales emociones para que sepan cuáles pueden separar durante el proceso de toma de decisiones. Estas personas pueden identificar sus desencadenantes emocionales, pero en lugar de verse afectadas, trabajan más allá de ellos.

Francesca Gino, profesora de la Escuela de Negocios de Harvard, llama a este método como "temperatura emocional" de monitoreo. El profesor sugiere que cuando usted está en una situación específica donde usted se está estimulando altamente (ya sea negativa o positivamente), usted debe tomar un momento para hacerse preguntas que pueden realinear sus prioridades durante el proceso de toma de decisiones. Por ejemplo, hágase las siguientes preguntas:

- ¿Esto se adapta a mis metas y objetivos originales?

- ¿Soy reactivo a meras presiones sociales?

- ¿Por qué hago esto?

Este corto período en el que te permites lidiar con la información y reconoces tu estado emocional podría salvarte de tomar las decisiones equivocadas.

Aparte de permitir que las personas interactúen con los demás y desarrollen relaciones significativas con ellos, las emociones también dan a las personas la capacidad de manejar y entender a los demás. También se revela que la inteligencia emocional (EQ) juega un papel esencial en la toma de decisiones.

Los pensadores analíticos generalmente 'toman' decisiones distanciándose de los componentes emocionales, revisando los hechos, y tratando de sopesar los pros y los contras de sus decisiones antes de anundarle. Sin embargo, lo acepten o no, la toma de decisiones está más allá de ellas. Lo que no se dan cuenta es que sus experiencias pasadas probablemente afectarán sus decisiones actuales al conjurar sentimientos durante ese tiempo, y no hay manera de evitar eso.

Las personas emocionalmente inteligentes son intuitivas y tienen conciencia de sí mismos. Tienen una relación saludable consigo mismos y pueden manejar eficazmente su relación con otras personas. Las personas exitosas son generalmente grandes tomadores de decisiones no sólo por su coeficiente intelectual. Es porque estas personas emocionalmente inteligentes pueden empatizar con los demás y son comunicadores muy eficaces.

Se dice que las personas emocionalmente inteligentes no eliminan por completo las emociones de su toma de decisiones, así como basando sus decisiones en sus emociones por sí solas. Saben cómo eliminar las emociones que son innecesarias con sus decisiones. Los responsables de la toma de decisiones exitosos conocen y entienden sus desencadenantes emocionales y trabajan más allá de esos.

Francesca Gino, profesora de la Escuela de Negocios de Harvard y autora del comportamiento, llama a esta cosa 'comprobando su temperatura emocional'. Ella sugiere que, durante los momentos en los que te estás poniendo muy emocional, deberías hacerte algunas preguntas en el momento en que estás tomando decisiones. También recomienda tomar un descanso durante esos momentos con el fin de procesar la información disponible e identificar su estado emocional, lo que podría salvarle de posibles remordimientos más tarde.

Explosiones emocionales controladas

Se dice que algunas personas son conscientes de su inteligencia emocional, aunque la mayoría se refiere a ella como una especie de debilidad. Sin embargo, a medida que uno envejece, puede descubrir que las emociones son su mayor fortaleza y clave para cualquier toma de decisiones. Dado que las emociones ayudan a las personas a entender sus relaciones profesionales y personales, pueden mejorar la forma en que se comunican con los demás y ayudar a los demás indicando las decisiones que toman profesionalmente.

Sin embargo, acéptelo o no, las emociones siempre se consideran un "trabajo en curso", lo que significa que hay veces que se quedan sin control. Sin embargo, a medida que las personas aprenden a manejar sus propias emociones, pueden evitar que exploten como una explosión nuclear frente a los rostros de otras personas.

Embotellar u ocultar las emociones inevitablemente conducirá a una reacción explosiva de una manera u otra. Sin embargo, si las personas se dan algún tiempo para experimentar sus sentimientos, pueden comenzar a entenderse mucho mejor. Además, si se entienden mejor, pueden lidiar con varias situaciones en el futuro positivamente y tomar mejores decisiones.

Mayor ecualización significa una mejor toma de decisiones

La ansiedad que las personas suelen sentir al tomar decisiones de inversión se ven influenciadas por los obstáculos que trataron anteriormente en lugar del resultado potencial con respecto a su decisión final. Sin embargo, este no es el caso con aquellos que tienen alta inteligencia emocional, según un estudio reciente que fue publicado en *Ciencias Psicológicas*.

El estudio muestra que la comprensión de la relevancia de las emociones, así como su fuente, puede influir en la toma de decisiones y afectará la voluntad de tomar riesgos. Según Stephane Cote, profesor de la Escuela de Administración Rotman de la Universidad de Toronto, las personas a menudo toman decisiones que están influenciadas por emociones que son francamente irrelevantes con las decisiones que toman. Cote también señaló que la gente siempre cae presa de esto y es una experiencia frustrante. Sin embargo, las investigaciones de Cote junto con el investigador principal Jeremy Yip, profesor de la Escuela Wharton de la Universidad de Pensilvania, demostraron que, si las personas tienen alta inteligencia emocional, pueden protegerse de estos prejuicios, así como Frustraciones.

El primer experimento de su estudio mostró que los participantes del experimento con bajos niveles de inteligencia emocional permitieron una ansiedad que es irrelevante para las decisiones que están tomando influir en ellas en su conjunto. Por otro lado, aquellos con altos niveles de ecualización no lo hicieron.

En otro experimento, también demostraron que las personas con bajo ecualizador también podrían bloquear las emociones no relacionadas simplemente haciéndoles conscientes de que la ansiedad que sienten es francamente irrelevante para las decisiones que deben tomar. El profesor Cote también sugiere que el enfoque emocionalmente inteligente a la hora de tomar decisiones no es tomar decisiones de inmediato, especialmente si uno siente la ansiedad que no está relacionada con la situación en cuestión.

Esto se aplica tanto a las emociones positivas como negativas. En su lugar, uno debe prestar atención a las emociones que son relevantes para la situación que requiere la toma de decisiones.

Cómo EQ mejora la toma de decisiones

Importancia de entenderse a sí mismo

Las personas que son conscientes de su inteligencia emocional tienen una mayor ventaja sobre aquellos que no lo hacen. Las emociones, en realidad, son la fuente de nuestras mayores fortalezas. Son factores clave para nuestra toma de decisiones. Nos ayudan a entender que nuestras relaciones personales y profesionales mejoran la forma en que interactuamos con otras personas.

Ciertamente es un progreso laboral, y todos podemos tener esos momentos "explosivos". Sin embargo, siempre podemos aprender a manejar nuestras emociones para que éstas sólo se conviertan en pequeñas ráfagas emocionales en lugar de en las que están en toda regla, lo que puede resultar en circunstancias lamentables.

Normalmente, suprimir las emociones durante demasiado tiempo puede conducir a estos momentos drásticamente explosivos. Sin embargo, si aprendemos a darnos tiempo para experimentar estas emociones y sentimientos, podemos empezar a entendernos mejor a nosotros mismos. Si podemos entendernos mejor a nosotros mismos, podemos tomar mejores decisiones y desarrollar maneras de manejar situaciones futuras de manera más apropiada.

¿Cómo afectan nuestras emociones a nuestras decisiones?

Las emociones se generan cuando el cerebro interpreta varios factores como las cosas que suceden en nuestro entorno, nuestros recuerdos, pensamientos, valores y creencias. Todos estos influyen en cómo nos sentimos y nos comportamos. Este proceso desencadena todas nuestras decisiones de varias maneras. Por ejemplo, si te sientes feliz, podrías dar un paseo en moto con tu amigo. Sin embargo, si hubieras visto un accidente en el camino, conducir una motocicleta podría desencadenar sentimientos de miedo y temor en el futuro. Así que en lugar de montar una motocicleta cada vez que se sienta feliz, usted elegiría quedarse en casa para leer algunos libros. Es posible que hayas tratado de razonar contigo mismo, que los accidentes no necesariamente ocurren todo el tiempo, particularmente para ti, pero en última instancia, la decisión se toma en función de tu estado emocional.

Diferentes emociones pueden impactarnos de diferentes maneras. Si te sientes triste, podrías rendirte en cosas que no necesariamente funcionan a tu favor (por ejemplo, tener la mentalidad de "come-what-may" o elegir permanecer en una relación tóxica). Por otro lado, la tristeza también podría desencadenar sentimientos de empatía hacia las personas menos afortunadas o hacia aquellos que están sufriendo.

Las emociones pueden influir no sólo en la naturaleza de nuestras decisiones, sino también en la velocidad a la que las tomamos. Por ejemplo, cuando estamos enojados, tendemos a ser impacientes, así que tomamos decisiones precipitadas. Cuando estamos emocionados, tendemos a tomar decisiones apresuradas sin siquiera considerar consecuencias negativas. Cuando tenemos miedo, nuestras decisiones se enturbian por las incertidumbres y la ansiedad, lo que nos hace más difícil decidir sobre las cosas.

Cómo las personas exitosas toman decisiones de la manera inteligente

Se menciona en un estudio de la Universidad de Columbia que una persona suele estar llena de un flujo constante de decisiones y estamos siendo empantanados por al menos setenta de estos. Se dice que algunas de estas decisiones son menores, como qué manera de ir al trabajo, qué alimentos comer para el día, etc. Otros se consideran difíciles, como cortar las conexiones de una persona tóxica, cambiar de carrera, mudarse a un nuevo hogar y muchos más.

Dado que tenemos que tomar tantas decisiones al día, debemos aprender a priorizar, lo que necesita más atención y aplicar esas estrategias de manera efectiva es esencial para el éxito y la felicidad.

Las personas exitosas utilizan varias estrategias a la hora de tomar decisiones inteligentes. Sin embargo, todos ellos tienen enfoques comunes, que se enumeran a continuación:

Las personas exitosas convierten las pequeñas decisiones en rutinas

La toma de decisiones es comparable a los músculos de uno. Si lo usa continuamente durante todo el día, se agotará y no funcionará correctamente. Una estrategia particular para que las personas exitosas disminuyan o eliminen la fatiga es convertir decisiones más pequeñas en rutinas. Con sólo hacer esto, uno puede liberar una gran cantidad de recursos mentales que, a su vez, se pueden utilizar para decisiones más complejas y difíciles.

Tomemos a Steve Jobs como ejemplo. A pesar de ser una de las personas más ricas del mundo, era conocido por usar cuellos de tortuga negros para trabajar todos los días. Al hacer esto como parte de su rutina, eliminó la tensión potencial y la preocupación de tener que decidir qué ropa usar todos los días. Además, también ahorró muchos recursos mentales, incluido el tiempo haciendo eso.

La gente como él es muy consciente del hecho de que su capacidad diaria para tomar decisiones buenas e inteligentes es finita; por lo tanto; la necesidad de eliminar las pequeñas decisiones. Otras personas exitosas que están adoptando la misma estrategia son Mark Zuckerberg y Barack Obama.

Las personas exitosas toman decisiones grandes y complejas por la mañana

Las personas exitosas no toman grandes decisiones de última hora; lo hacen por la mañana en su lugar. Tomar decisiones complejas mientras tu mente está fresca es una de las mejores maneras de eliminar la fatiga por decisión. Justo antes de encontrar decisiones menores que distraigan, como llamadas telefónicas o correos electrónicos por la mañana, debe despertarse temprano y trabajar en las tareas más difíciles.

Otro buen movimiento es terminar o eliminar la mayoría de las decisiones menores la noche anterior para tener una buena ventaja al día siguiente. Por ejemplo, preparar tu atuendo de trabajo antes de dormir no solo te ahorrará algo de tiempo extra para mañana; también le ahorrará algunos recursos de memoria.

Las personas exitosas prestan atención a sus propias emociones

En lugar de eliminarlos, las personas exitosas tienden a reconocer y entender sus propias emociones para que puedan mirar los problemas, así como las decisiones tan racionales y objetivas como sea posible.

Desafortunadamente, la mayoría de la gente no es buena en esto. Según TalentSmart, sólo el 36 por ciento de un millón de personas pueden reconocer sus propias emociones a medida que sucede. Los tomadores de decisiones de fuerte voluntad, por otro lado, saben que los cambios de humor malos pueden hacer que liberen su ira o pierdan su compostura moral, así como su buen humor puede conducir a la exceso de confianza y ser impulsivo.

Las personas exitosas tienden a evaluar sus opciones objetivamente

Es fácil para las personas exitosas tomar decisiones porque tienden a sopesar o evaluar sus opciones bajo un conjunto predeterminado de criterios. Preguntas como '¿Cómo me beneficiará esta decisión?' o '¿Reflejará esta decisión mis valores morales?' se suelen incluir en esos criterios.

Las personas exitosas tienden a dormir en sus decisiones

Las personas exitosas duermen en sus decisiones con el fin de asegurarse de que tendrán la claridad del pensamiento a medida que se encuentran con ella a la mañana siguiente. Actuar demasiado rápido puede resultar en una reacción, pero, dar más tiempo y enfoque a la decisión de uno expone aspecto sólados importantes o posibilidades que uno puede perder de un vistazo.

Las personas exitosas pueden dormir, pero todavía observan un límite de tiempo

Las personas exitosas pueden estar durmiendo en sus propias decisiones, pero aún así, observan un límite de tiempo o una fecha límite al tomar sus decisiones. Saben que reunir mucha información es una necesidad, pero también se aseguran de que no caigan en el análisis de la parálisis. Al establecer una fecha límite, recopilan toda la información disponible, formulan decisiones y comprueban todo antes de finalmente liberarla.

Capítulo 10

Maneras de Pensar de Forma Rápida, Eficiente y Precisa

Mejorar tus habilidades de pensamiento rápido

Entrenar tu cerebro más rápido e inteligente no siempre equivale a estudiar constantemente y convertirse en un erudito poco sociable. Existen técnicas prácticas que pueden hacer que tu cerebro sea más nítido y rápido. La mayoría de estos trucos implican cambios en la dieta y el estilo de vida junto con algunos rasgos conductuales que pueden ejercitar la materia gris.

Usar ejercicios de memoria

La memoria juega crucial para mejorar la velocidad de procesamiento. Si usted es un estudiante, asegúrese de volver a leer los materiales que lee durante el día justo antes de dormir. La razón de esto es porque el cerebro sintetiza toda la información nueva durante el descanso. Además, este proceso permite al cerebro almacenar nueva información antes de descansar en su área límbica.

La memoria también se puede generar a través del sentido del olfato, la vista, el tacto y el sonido, ya que nuestros órganos de los sentidos están estrechamente relacionados con el área límbica del cerebro. Esta es la razón por la que ciertos olores, canciones o texturas pueden traernos de vuelta a un momento o lugar en particular. Por ejemplo, muchos estudiantes aprenden más rápido mientras escuchan música clásica o difunden aceites aromaterapéuticos.

El cerebro también te ayuda a memorizar cosas usando tres principios: imaginación, ubicación y asociación. Digamos que quieres recordar los colores del arco iris. Puede utilizar el nombre ROY G. BIV (**R**ed, **O**range, **Y**ellow, **G**reen, **B**lue, **I**ndigo y **V**iolet).

Coma alimentos que aumentan el cerebro

Los alimentos que comemos afectan mucho para mantener nuestro cerebro saludable. Por supuesto, un cerebro sano también significa una mejor velocidad de procesamiento. Estos son los mejores alimentos que pueden ayudarle a lograr este esfuerzo:

Pescado Graso

Alrededor del 60% de nuestro cerebro está hecho de grasa y la mitad de él es el tipo Omega 3 que se puede encontrar en los peces grasos. El cerebro utiliza grasas Omega 3 con el fin de construir células nerviosas y más materia gris. Un estudio descubrió que las personas que comen regularmente peces asados o horneados tienen más materia gris en sus cerebros. La materia gris acomoda la mayoría de las células nerviosas responsables de controlar la memoria, la emoción y la toma de decisiones. En general, las grasas Omega 3 son cruciales para la memoria y el aprendizaje.

Café

Todos podemos estar de acuerdo en que el café es un gran refuerzo de la mañana. Sin embargo, este no es el único hecho que lo hace maravilloso. Dos de los principales componentes del café son la cafeína y los antioxidantes, que ayudan al cerebro.

La cafeína en el café tiene varios beneficios, incluyendo:

- *Concentración mejorada*: Un estudio sugiere que beber un café grande por la mañana o cantidades más pequeñas a lo largo del día puede hacer que una persona sea efectiva en tareas que necesitan concentración.

- *Aumento del estado de alerta* : La cafeína promueve el estado de alerta mediante la obstrucción de un mensajero químico que hace que las personas dormidas llamada *adenosina*.

- *Mejor estado de ánimo*: Cafeína también aumenta algunos productos químicos felices como la serotonina.

Semillas de calabaza

En lugar de comer chatarra y alimentos cargados de azúcar, ¿por qué no probar las semillas de calabaza? Las semillas de calabaza son ricas en antioxidantes que mantienen el cerebro y el cuerpo de daño de radicales libres. También son una gran fuente de micronutrientes, incluyendo hierro, cobre, zinc y magnesio. Recordar:

- La deficiencia de hierro se caracteriza a menudo por deterioro de la función cerebral y la niebla cerebral (o los sentimientos de confusión y desorientación).

- El cobre es utilizado por el cerebro para manejar las señales nerviosas. Niveles bajos de cobre exponen a una persona con mayor riesgo de trastornos neurodegenerativos como la enfermedad de Parkinson, atrofia muscular espinal, enfermedad de Alzheimer, y otras formas de demencia.

- El zinc sirve como un elemento importante para la señalización nerviosa.

- El magnesio es esencial para la memoria y el aprendizaje.

Té Verde

Té verde se encuentra para aumentar la memoria,enfoque, Estado de alerta, y el rendimiento del cerebro. Contiene L-teanina, que ayuda a aumentar la frecuencia de las ondas alfa que pueden hacer te sientas relajado sin hacerte sentir cansado. Además, también se compone de antioxidantes y polifenoles que ayudan a proteger el cerebro de los riesgos de Parkinson y Alzheimer y más deterioro mental.

Meditación

Las personas que practican la meditación se encuentran para tener un cerebro más inteligente y más nítido. Puede sortear la atención plena durante unos 10 a 15 minutos todos los días. Puedes probar varias maneras, como ejercicios simples de respiración, cantar un mantra o orar. También hay numerosos materiales de audio disponibles de meditación guiada que se pueden adquirir en línea y en tiendas físicas. Escucharlos regularmente puede mejorar su concentración y enfoque.

Además, puede practicar diferentes técnicas de visualización (por ejemplo, pensando en pensamientos felices o recuerdos cada mañana). Las personas que piensan positivamente tienden a ser más creativas y su cerebro es más acogedor a las ideas, haciéndolo más inteligente y nítido.

Hacer entrenamientos mentales

Hay varias maneras de ejercitar el cerebro. Puedes jugar juegos cerebrales, hacer matemáticas mentales, leer todos los días y construir ideas abstractas de nivel profundo.

Los mejores juegos de cerebro incluyen rompecabezas matemáticos, crucigramas, búsquedas de palabras y ajedrez. Además, proporcionan los siguientes beneficios:

- Permitir un pensamiento más rápido

- Mejorar el nivel de concentración

- Aumentar el tiempo de reacción

- Mejorar la memoria

- Elevar las capacidades cognitivas

La lectura puede hacer grandes cosas para el cerebro y la mente. En un estudio de la Universidad Carnegie Mellon,losinvestigadores encontraron que el cerebro se vuelve a cablear cuando se lee. Esto se debe a que la mente tiende a vivir la experiencia de la historia que estás leyendo. Los resultados son aún más dinámicos cuando se lee en un idioma extranjero.

Evitar la multitarea

Si crees que la multitarea es un buen ejercicio para tu cerebro, entonces estás completamente equivocado. Un estudio de la Universidad de Stanford descubrió que a las personas que son constantemente bombardeadas con múltiples flujos de información electrónica les resulta difícil concentrarse o concentrarse y recordar información.

Nuestro cerebro sólo puede enfocarse en una cosa a la vez, por lo que la "multitarea" en sí misma es imposible. Lo que sucede es que durante la multitarea, el cerebro cambia de una tarea a otra a un ritmo rápido. Este proceso reduce la eficiencia y la productividad de su cerebro. Además, un estudio realizado por la Universidad de Londres encontró que las personas que realizan múltiples tareas durante las tareas cognitivas experimentan disminución en sus puntuaciones de coeficiente intelectual.

Reduzca el tiempo de pantalla

En 2014, Nielsen informó que los adultos tienen un tiempo promedio de pantalla de 11 horas por día. Si usted es igual, es hora de que reconsidere esta actividad. ¿por qué? Pasar demasiado tiempo jugando a través de sus dispositivos electrónicos (por ejemplo, TV, computadora portátil, tableta y teléfono inteligente) puede ser perjudicial para su salud y cerebro.

El tiempo de pantalla excesivo resulta en la reestructuración de la materia cerebral, particularmente la atrofia en el área gris donde ocurre el procesamiento. También compromete la materia blanca que podría conducir a la pérdida de comunicación dentro de diferentes partes del cerebro, como los centros cerebrales emocionales y cognitivos.

Capítulo 11

Mantener tu Mente Aguda con Ejercicios Cerebrales

Sin las diferentes teorías y metodología utilizadas en la definición y medición de la inteligencia, todos queremos tener un cerebro afilado y activo que siempre sea útil cuando tenemos que decidir sobre algunos asuntos importantes al instante. Si bien es posible que no esté seguro de tomar una decisión 100 por ciento correcta en todo momento, al menos puede tener esta mente que puede procesar fácilmente la información y darle la mejor respuesta que necesitará.

Para asegurarse de que su cerebro siempre está mentalmente activo y funciona en su nivel óptimo, necesita tener un ejercicio regular. Al igual que el cuerpo humano – el cerebro que es una parte de él necesita ser mentalmente saludable, y como siempre, el ejercicio es la mejor manera de mantener una buena salud ya sea en mente o en el cuerpo. Las actividades que son nuevas y complejas son los mejores ejercicios para que el cerebro lo mantenga alerta y alerta en todo momento. Estos pueden ayudarle a obtener mejoras reales en el estado de ánimo, enfoque, memoria, y más.

El cerebro humano se ve afectado por cada experiencia, pensamiento y emoción de un individuo. Somos conscientes de que la estimulación cerebral puede aumentar la capacidad del cerebro para volver a conectarse a sí mismo (y llamamos a esto neuroplasticidad). Incluso la formación de nuevas células cerebrales (neurogénesis) también se mejora a través de la estimulación cerebral. Mientras que no hay una prescripción específica que funciona para todos cuando se trata de la aptitud mental, los expertos en su lugar recomiendan fortalecer su cerebro a través de las siguientes maneras.

Hacer ejercicio regularmente

Lo que es bueno para su cuerpo es bueno para su cerebro. Los estudios de investigación que vinculan la neuroplasticidad y el ejercicio continúan evolucionando. Aunque estos estudios utilizaron diferentes herramientas, sin embargo, todos apuntan a hacer ejercicio como un gran entrenamiento para mantener su mente saludable para un rendimiento óptimo.

Cuando usted está haciendo un poco de entrenamiento físico, estimula el hipocampo, el área en el cerebro responsable del aprendizaje y la memoria. Un estudio reciente en ratas revela que las ratas haciendo alrededor de 6-8 de ejercicio aeróbico desarrollaron 3-4 veces más neuronas del hipocampo en comparación con ratas con ejercicios.

Otro estudio publicado en el Journal of Experimental Brain Research sugiere que hacer unos 30 minutos de ejercicio moderado puede reducir GABA –el principal transmisor inhibitorio que impide que el cerebro se someta a neuroplasticidad.

Los ejercicios también pueden aumentar la producción de Factor Neurotrópico Derivado del Cerebro (BDNF) que permite que las neuronas se conecten para combinar y conectarse a nuevas redes cerebrales. Si hay más BDNF disponible, entonces más formación neuronal puede ocurrir dentro del cerebro.

Las pautas sugieren alrededor de 150 minutos de ejercicio de intensidad moderada por semana o descomponiéndolos a 30 minutos a una hora (3-5 días a la semana).

El mejor ejercicio que puedes hacer es el que más disfrutaste haciendo. La investigación considera que la resistencia y el aeróbico son beneficiosos, aunque usted puede beneficiarse más de los aeróbicos. Aquí hay tres actividades agradables que pueden ayudar a su cerebro a resolver de las maneras más fascinantes.

Una mujer en una pose de yoga

Investigadores de la Universidad de Waterloo revelaron que practicar breves sesiones de Hatha yoga y meditación mindfulness puede mejorar significativamente la función cerebral y los niveles de energía. Los investigadores revelaron que disfrutar de Hatha yoga y meditación mindfulness diariamente puede aumentar las capacidades cognitivas asociadas con el comportamiento dirigido a objetivos y las funciones ejecutivas del cerebro. También mejora la capacidad de controlar las respuestas emocionales, acciones y patrones de pensamiento habituales.

Según Peter Hall, profesor asociado de la Escuela de Salud Pública y Sistemas de Salud, estas dos actividades que involucran a la mente centran el poder de procesamiento consciente del cerebro en un número limitado de objetivos como la posesión y la respiración, al tiempo que reducen tratamiento de información no esencial. Con estas dos funciones significativas, que eventualmente podrían tener efectos positivos poco después de la sesión, las personas podrán centrarse más fácilmente en lo que quieren hacer en su vida cotidiana.

Los participantes en el estudio completaron 25 minutos de Hatha yoga y 25 minutos de meditación mindfulness seguidos de 25 minutos de lectura tranquila, que es una tarea de control. Estas actividades no tienen por qué estar en orden. Después de estas actividades, los participantes demuestran mostrar un mejor rendimiento en las tareas de las funciones ejecutivas en comparación con la tarea de lectura.

Esto sugiere que hay algo especial con la meditación en lugar de posar físico que tiene muchos de los beneficios cognitivos del yoga. El estudio descubrió además que la meditación mindfulness y Hatha Yoga eran eficaces para energizarse, pero Hatha yoga había mostrado efectos más significativos que la meditación sola.

Hatha es uno de los estilos comunes de yoga que están adoptando la mayoría de los países occidentales. Implicaba ejercicios de respiración y posturas físicas combinadas con meditación. La meditación mindfulness, por otro lado, implica observar sus propios pensamientos, emociones y sensaciones corporales con apertura y aceptación.

Aunque la parte de meditación podría ser más importante para mejorar la función ejecutiva del cerebro, con Hatha yoga, hay mejoras adicionales en flexibilidad y fuerza. Esto hace que Hatha yoga superior a la meditación solo en términos de beneficios generales para la salud.

Otro estudio de yoga que involucró a un grupo de individuos que participaron en un retiro de yoga de tres meses mostró que la actividad tuvo un impacto positivo en la señalización BDNF, lo que ayuda a crear nuevas redes cerebrales. Un estudio relacionado exhibió una asociación entre un ejercicio regular de yoga y un mayor volumen del hipocampo. Esto implica que cuanto más practiques las posturas de yoga, mayores serán los beneficios que puedes obtener por tus habilidades generales de aprendizaje y memoria. También será más fácil para usted idear ideas creativas en el trabajo, aprender nuevos conceptos y lograr más cosas.

A las personas a las que les gusta el baile les resulta sorprendente que no sólo les proporciona disfrute, sino que tiene una capacidad increíble para mejorar la forma en que funciona su cerebro.

Esto es lo que el baile puede hacerle a tu cerebro.

El baile mejora la neuroplasticidad

Un estudio realizado por Albert Einstein College of Medicine en la ciudad de Nueva York midió la agudeza mental en personas envejecidas mediante el monitoreo de las tasas de demencia. El estudio tiene como objetivo descubrir el efecto sobre la agudeza mental de cualquier actividad recreativa física o cognitiva. Esto es lo que los investigadores descubrieron.

- La lectura reduce el riesgo de demencia en un 35%

- Natación y ciclismo - Reducción cero del riesgo de demencia

- Disfrutar de crucigramas (al menos cuatro días a la semana) redujo el riesgo de demencia en un 47%

- Jugar al golf no tuvo ningún impacto en la demencia

- Bailar con frecuencia redujo el 76% de riesgo de demencia

Como explica el Dr. Robert Katzman, neurólogo, las personas que bailan con frecuencia tienen mayores reservas cognitivas y aumentan la complejidad de las sinapsis neuronales. Al mejorar estas cualidades, bailar reduce el riesgo de demencia y puede hacer que el cerebro vuelva a conectar continuamente sus vías neurales.

Bailar puede mejorar la inteligencia

Generalmente se acepta que la inteligencia está involucrada cuando su respuesta a una situación dada es automática. Según Jean Piaget, la inteligencia es lo que usamos cuando no sabemos ya qué hacer. Una vez que el cerebro evalúa varias respuestas razonables y deliberadamente elige una respuesta, el proceso se considera inteligente.

Para decirlo, la inteligencia es tomar decisiones y mejorar tu agudeza mental. Es mejor que te involucres en una actividad que exige una toma de decisiones rápida y de dos segundos.

Bailar es un ejemplo de una actividad acelerada que requiere que tomes una toma de decisiones rápida. ¿Requiere respuestas a preguntas como, qué velocidad aplicar en el movimiento de su cuerpo? ¿Hacia dónde girar? ¿Cómo puedes llevarte bien con los movimientos de tu pareja? El baile, por lo tanto, es una manera de mantener y mejorar la inteligencia.

Un estudio descubrió cómo un programa de entrenamiento de baile y un entrenamiento de resistencia y flexibilidad, ambos tenían una duración de 3 meses puede ayudar a mejorar el volumen del hipocampo con adultos con edades de 63-80 años).

El resultado mostró que en ambos grupos, hubo un aumento significativo en el volumen del hipocampo; sin embargo, el grupo de baile también tuvo aumentos en las regiones del cerebro relacionadas con la neuroplasticidad.

Bailar mejora tu memoria muscular

Edward Warburton, un bailarín de ballet profesional, junto con sus colegas, hace un estudio sobre el pensamiento detrás del hacer la danza. Sus hallazgos fueron en Ciencias Psicológicas, que es la revista de la Asociación para la Ciencia Psicológica. El estudio reveló que el marcado disminuyó el conflicto entre los aspectos físicos y cognitivos de la danza. Al hacerlo, los bailarines tienen la oportunidad de memorizar y repetir movidos con mayor fluidez.

Por lo tanto, se llegó a la conclusión de que visualizar los movimientos y el marcado puede ayudar a mejorar la memoria muscular. Este tipo de visualización y marcado aprendido a través de la danza también se puede utilizar en una variedad de campos para un rendimiento óptimo.

Ralentiza el envejecimiento y aumenta la memoria

Katzman cree que cuanto más complejas sean nuestras sinapsis neuronales, mejor. A medida que uno envejece, las células cerebrales mueren y las sinapsis se debilitan. Es por esa razón por la que nuestra memoria comienza a disminuir, y tendemos a olvidar las cosas fácilmente. Las fechas y los nombres son más difíciles de recordar porque sólo hay una vía neuronal que nos lleva a esta información almacenada.

Sin embargo, si sigues trabajando para aprender cosas nuevas como bailar, puedes construir diferentes rutas mentales y muchas vías neuronales, de modo que si pierdes un camino a través del envejecimiento, puedes tener un camino alternativo que puedas usar para acceder a la información almacenada y Memoria.

Previene los mareos

¿Te preguntas por qué los bailarines de ballet no se marean al hacer esas piruetas locas? Las investigaciones sugieren que los bailarines pueden obtener la capacidad de suprimir las señales de los órganos de equilibrio en el oído interno que están vinculados al cerebelo a través de años de práctica y entrenamiento.

El Dr. Barry Seemungal, del Departamento de Medicina de Imperial, explica que como no es útil para un bailarín de ballet desequilibrarse o sentirse mareado, el cerebro se adapta a lo largo de años de entrenamiento para suprimir ese aporte. Eventualmente, la señal que le dice al cerebro sobre la sensación de mareo se reduce, dando a los bailarines la resistencia a los mareos.

Así que si usted está sufriendo de mareos, bailar es probablemente una buena manera de abordar este problema. Bailar ayuda a mejorar la función de tu cerebelo, lo que te ayuda a mejorar tu equilibrio y te hace menos mareado. No es necesario ser un bailarín profesional para beneficiarse de ella ya que el baile en todos los niveles cuenta.

Bailar, por lo tanto, puede ser una gran manera de mantener y mejorar muchas de sus funciones cerebrales, ya que puede aumentar su conectividad neuronal mientras integra varias funciones cerebrales a la vez, incluyendo racional, musical, cinestésico, y emocional.

Tai Chi

Tai Chi es un ejercicio mente-cuerpo que implica realizar una serie de movimientos lentos y elegantes que se centran en la mejora del equilibrio, la alineación del cuerpo y la concentración completa.

Un estudio reveló que las personas con la enfermedad de Parkinson – un trastorno del movimiento que generalmente ocurre cuando no hay suficiente de la sustancia química del cerebro, dopamina – se benefició en gran medida cuando se entregó en Tai Chi. Se descubrió que las personas con la enfermedad de Parkinson que practicaron Tai Chi durante dos horas durante 224 semanas desarrollaron una mejor postura, mejor estabilidad y tienen menos caídas en comparación con aquellos que sólo están en rutinas resistentes y de estiramiento. Los hallazgos iniciales de la investigación sugieren que Tai chi puede ayudar a las células cerebrales a utilizar la dopamina existente de manera más eficiente, así como mejorar cómo las células cerebrales reciben señales de dopamina.

Así es como Tai Chi ayuda en el rendimiento de su cerebro.

Tai Chi agranda tu cerebro

Investigadores de la Universidad de Fudan en China y los de la Universidad del Sur de Florida descubrieron que disfrutar de Tai Chi tres veces a la semana durante 40 semanas aumenta el volumen cerebral en personas mayores. Los hallazgos en este estudio son bastante impresionantes, sabiendo que las cosas grises se reducen con la edad.

Un estudio en el Centro para la Atención plena de la Universidad de Massachusetts también reunió los mismos hallazgos en menos tiempo. Estos investigadores han visto un aumento en la materia gris en la región del hipocampo – una región del cerebro asociada con el aprendizaje y la memoria después de llevar a cabo un programa de reducción del estrés basado en la atención plena de ocho semanas.

Tai Chi te mantiene alerta

Hacer ejercicio físico mantiene su cuerpo en forma mientras que la concentración mental necesaria para Tai Chi ejercita el cerebro.

Este ejercicio de arte marcial entrena tu cerebro para ayudarte a mantenerte enfocado en el presente y retener más información para que puedas tomar una decisión rápida.

Un estudio realizado por el Hospital General de Massachusetts encontró que las personas que meditaban 40 minutos al día desarrollaron paredes corticales más gruesas en comparación con aquellos que no estaban en la meditación. El espesor de las paredes corticales se asocia con una tasa más lenta de deterioro cognitivo, por lo tanto, lo que resulta en una toma de decisiones más rápida, enfoque más agudo, y memoria mejorada.

La investigación también ha demostrado que el aprendizaje motor, la meditación y la atención de un solo enfoque se asociaron con cambios en las regiones corticales del cerebro. El enfoque dinámico de Tai Chi se basa en todas esas habilidades.

Tai es un destructor eficaz del estrés

Otro beneficio de Tai Chi es ayudarte a combatir el estrés. Una práctica regular de Tai Chi, que implica la meditación en movimiento mejora la neuroplasticidad, un proceso por el cual nuestras experiencias ayudan a reorganizar las vías neuronales del cerebro. Para decirlo, el cerebro se vuelve loco en respuesta a sus experiencias. Tales conexiones ayudan a estabilizar las emociones para que pueda hacer frente a los factores de estrés de una manera más controlada.

Además, un estudio de la Universidad de Wisconsin mostró que las personas que meditan tienen altos niveles de actividad de las ondas gamma y por lo tanto pueden evitar quedarse atascados en el rumiando patrones de pensamientos.

Un beneficio más si Tai Chi es su accesibilidad a personas de todas las edades y habilidades de fitness. A través de la actividad de Tai Chi que se centra en los movimientos sutiles que ejercen el cerebro y potencian las habilidades cognitivas. Cuando inicialmente es mediante el aprendizaje de los movimientos precisos de la antigua forma de arte marcial que le da a su cerebro un impulso, más tarde es el enfoque continuo que une la respiración y los movimientos.

Si tiene la intención de aumentar su poder cerebral en los negocios, en lugar de servirse otra taza de café, hacer ejercicio en su lugar, hacer ejercicio un hábito haciendo su entrenamiento favorito durante 30 minutos o así todos los días para hacer algo que disfruta. Así que ponte la ropa de entrenamiento, ala tu carrera (o zapatos de baile) y ponte en movimiento. Tu cuerpo será mejor para él al igual que tu cerebro.

Hacer ejercicios aeróbicos consistentemente como trotar y andar en bicicleta puede generar nuevas células y vasos sanguíneos mientras mejora la circulación sanguínea en el cerebro. También aumenta el volumen del cerebro, especialmente en las áreas frontales y temporales que son responsables de la planificación y la memoria. Larry McCleary, M.D. recomienda 30-6- de ejercicios aeróbicos tres veces a la semana, además de una combinación de entrenamiento de peso, taladros de equilibrio y componentes de velocidad o agilidad.

Priorizar el sueño

El Instituto Nacional de Trastornos Neurológicos y Accidentes Cerebrovasculares (NINDS), el sueño es vital para el funcionamiento del sistema nervioso. Nos da la oportunidad de crecimiento y reparación. Los estudios indican que nuestro cuerpo puede aumentar la producción de células y las proteínas de descomposición sólo cuando estamos en nuestro modo de dormir y no cuando estamos despiertos.

Una buena noche es esencial para almacenar el conocimiento aprendido más temprano en el día, y todos somos conscientes de ello. Sin embargo, surgió un nuevo estudio revelando que cerrarse de ojos antes de que aprendas también es crítico.

Los participantes en un estudio de investigación que tomaron una siesta de 100 minutos en preparación para su tarea de memorización por la noche obtuvieron un promedio de 20% más en comparación con aquellos que memorizan sin la siesta. Estos hallazgos demuestran que no es suficiente dormir después del aprendizaje, pero es igualmente importante que duermas antes de aprender.

Siestas revitalizantes

La investigación descubrió que el sueño impulsa nuestra capacidad de aprendizaje. Un estudio sugirió que una siesta de 90 minutos puede ayudar a bloquear los recuerdos a largo plazo. El sueño se hace necesario porque no podemos procesar un flujo de información requerido en nuestro proceso de aprendizaje mientras estamos tomando en otra corriente. Es porque, por cada dos horas que estamos despiertos y reuniendo tanta información que podemos tomar de nuestro entorno, nuestro cerebro tarda una hora en procesar esta información. Por eso necesitamos ocho horas de sueño cada noche.

Gestione su estrés

La hormona del estrés – cortisol puede matar las células del cerebro, y cuando usted tiene estrés crónico, puede causar pérdida de memoria. Disminuir el estrés puede aumentar el flujo sanguíneo cerebral y activar ciertas partes del cerebro para mejorar el enfoque, concentración, y estado de ánimo.

La meditación puede ayudarte a controlar tu estrés, ya que calma tu mente y tus sentidos. El Presidente y Director Médico Dharma Singh Khalsa, M.D. de la Fundación de Investigación y Prevención de Alzheimer realizó un amplio estudio sobre Kirtan Kriya. Este es un tipo de meditación que toma sólo 12 minutos de su día y se sabe que mejora la salud genética mientras reduce los marcadores de depresión e inflamación.

Tener un estilo de vida saludable

Esencialmente, tener un estilo de vida alimenticio saludable puede mejorar el rendimiento de su cerebro. Usted debe saber que hay alimentos para evitar como alimentos altamente procesados, ya que estos pueden alterar el flujo sanguíneo al cerebro y afectar la cognición. Es por esta razón que la diabetes es un factor de riesgo de disfunción cognitiva. Nuestro cerebro necesita glucosa en su rendimiento, y los alimentos integrales proporcionan una fuente más constante de combustible. La dieta mediterránea se considera saludable para el cerebro.

Vive una vida impulsada por el propósito

Vive una vida significativa interactuando con las personas. Las personas que tienen una amplia gama de redes y están claras de su propósito en la vida se muestra que tienen menores riesgos de la enfermedad de Alzheimer. La clave es mejorar la frecuencia de encuentro con experiencias positivas. Bill Conklin, Psy.D. cree que disfrutar de actividades placenteras y hacer algo que parece hacer que el tiempo se detenga estimula la actividad en la corteza prefrontal izquierda.

Nuestra situación cotidiana consiste en tareas rutinarias que nos permiten realizar sin involucrar demasiada capacidad de funcionamiento cerebral. Debido a que las tareas rutinarias están automatizadas, realizamos tareas complejas con un esfuerzo menos mental como conducir un coche, hacer mandados, comprar artículos de comestibles e incluso preparar comidas. Estas experiencias han estado con nosotros durante demasiado tiempo que apenas somos conscientes de cómo las hacemos. Las actividades rutinarias se ejecutan por su cuenta a través de nuestro subconsciente y requieren poca energía cerebral. Por lo tanto, estas tareas rutinarias proporcionan a nuestro cerebro una muy poca cantidad de estimulación.

Si mantenemos este tipo de situación cotidiana, llegará el momento en que nuestras células cerebrales deteriorarán nuestra eficiencia cerebral disminuirá, por lo que sacudir su rutina diaria es clave para obtener un cerebro más sano y nítido. Para que una actividad estimule el cerebro, los expertos están de acuerdo en que una actividad debe ser compleja y nueva.

Beneficios que puede esperar del ejercicio cerebral

Dado el ejercicio adecuado para la estimulación adecuada, usted puede esperar obtener los siguientes beneficios:

- Mejor memoria

- Menos estrés

- Mayor enfoque y concentración

- Pensamientos positivos, estado de ánimo y comportamiento

- Inteligencia fluida mejorada, flexibilidad mental y creatividad

- Visión y audición más nítidas

- Mayor confianza en sí mismo y alta autoestima

- Pensamiento rápido y tiempo de reacción rápido

- Aumento de la motivación y la productividad

Los ejercicios cerebrales neurobianos

El Dr. Lawrence Katz, un neurobiólogo, reconocido a nivel mundial por ser pionero en una investigación de regeneración de neuronas. Fue en 1998 cuando escribió:*"Mantén tu cerebro vivo: 83 ejercicios neurobianos para ayudar a prevenir*la pérdida de memoria y aumentar la aptitud*mental"*. En ese momento, sólo unos pocos hablaban de la aptitud del cerebro.

En este libro, acuñó el término "neurobbiano" para describir ejercicios cerebrales que mejoran el rendimiento cerebral usando los cinco sentidos de maneras nuevas y emocionantes. También se dijo en el libro que cuando uno experimenta deterioro mental, por lo general no es debido a la pérdida de las células cerebrales, sino debido a la pérdida de comunicación entre las células cerebrales y se producen debido a la disminución de la cantidad y complejidad de las dendritas que son la b ranchos de células nerviosas.

Según el Dr. Katz, con los ejercicios mentales adecuados, podemos crecer nuevas conexiones dendríticas.

Descubrió que haciendo el tipo correcto de ejercicio mental, podemos crecer nuevas conexiones dendríticas

Creyendo que la mayoría de los ejercicios cerebrales que tenemos hoy en día son visuales, señaló que la clave para ejercitar tu cerebro es el compromiso de los cinco sentidos.

- Vista o visión

- Tocar

- Audición o sonido

- Gusto

- Olor

El uso de los cinco sentidos debe hacerse de maneras no rutinarias. Por lo tanto, cualquier actividad se puede utilizar como un gran ejercicio cerebral si es nuevo, agradable, y desafiante.

Cambiando de manos

La clave aquí es usar su mano no dominante. Esta actividad puede ayudar a aumentar la actividad cerebral. Así que si usted está acostumbrado a usar su mano derecha en hacer una tarea rutinaria como comer, cepillarse los dientes, o sostener un vaso, esta vez practicar el uso de la mano izquierda en hacer la mayoría de las tareas generalmente manejadas por su mano derecha,

Hacer una tarea con los ojos cerrados

Imita a una persona ciega. Intenta hacer cosas con los ojos cerrados. Comience con actividades simples como caminar por su habitación con los ojos cerrados o buscar algo sin verlo. Esta actividad obligará al cerebro a crear nuevas vías neuronales.

Hacer cosas hacia atrás o al revés

El objetivo aquí es estimular su cerebro mirando las cosas en un ángulo diferente. Al hacer las cosas de manera diferente, como usar el reloj de una manera al revés, el cerebro a trabajar más duro de lo habitual cada vez que lo haces.

Use palillos para comer

Esta nueva forma de comer (si no lo estás haciendo anteriormente) te obligará a ser consciente de la forma en que comes. Esto es bueno para el cerebro, el consumo de calorías y la digestión.

Lectura de libro en voz alta

En contraste con la lectura silenciosa, que es común, leer un libro en voz alta enganchará su cerebro de manera diferente. Además, escuche audiolibros para leer libros de ilustraciones utilizando gráficos.

Conclusión

Vivir en una sociedad donde la velocidad es importante como el tiempo, por lo que debemos aprovechar al máximo los dos. Incluso queremos manipular nuestro pensamiento para poder hacer frente a la velocidad de velocidad rápida del estilo de vida jet-set. Así que si usted puede pensar lo suficientemente rápido como para tomar una decisión rápida y proporcionar una respuesta rápida a cada pregunta, entonces usted se considera inteligente. Equiparamos la inteligencia con el procesamiento de velocidad rápida.

Merriam Webster es lo suficientemente contundente como para informarnos que la lentitud es la calidad de la falta de inteligencia o rapidez de la mente. Esto es correcto en algún aspecto, pero no en todo. La inteligencia es demasiado amplia para adjuntarla a algo específico. La velocidad en el procesamiento de la información no es suficiente para establecer inteligencia para la inteligencia en sí misma es una conglomeración de una variedad de factores y elementos donde la mayoría son variables y pueden cambiar dependiendo de la situación que se enfrenta.

Tomemos por ejemplo, cuando usted no ha dormido o comido correctamente, estos seguramente afectarían la velocidad de procesamiento de la información, así como la calidad de su toma de decisiones. Los elementos del conocimiento y su entorno también tienen algo que ver con su maquillaje de inteligencia.

Cierta situación y conciencia de lo que sucederá a continuación ya que lo has experimentado antes, entonces es más probable que pienses rápido y actúes rápido en comparación con una situación en la que no tienes idea en todos sus resultados. Nuestro cerebro puede procesar información más rápidamente cuando está contenida en nuestra memoria, aunque hay personas que son una excepción a esto.

La inteligencia, por lo tanto, como el conocimiento es demasiado vasta para estar contenida en el pensamiento de uno que ni siquiera los esfuerzos de colaboración de las personas que consideramos altamente inteligentes a lo largo de los siglos son suficientes para contenerlo en una botella para ser medido.

Sin embargo, siempre podemos hacer algo para mejorar nuestro rendimiento cerebral, que es la esencia de este libro. Con suerte, le hemos proporcionado una guía perfecta para entender cómo funciona su cerebro y cómo aplicar las diferentes teorías de la inteligencia en larele vance de las situaciones de la vida diaria.

www.ingramcontent.com/pod-product-compliance
Lightning Source LLC
Chambersburg PA
CBHW071617150726
48000CB00004B/1756